상상 초월
포켓몬 과학 연구소
④

야나기타 리카오 **글**
히메노 가게마루 **그림**
정인영 **옮김**
포켓몬주식회사 **협력**

아울북

포켓몬 대결에 대해 과학적으로 생각해 보자!

지금까지 세 권의 〈상상초월 포켓몬 과학 연구소〉 시리즈를 썼다. 포켓몬 도감의 해설을 바탕으로 포켓몬 약 100마리의 생태와 특기, 무기 등을 검증하는 과정은 즐거웠다. 모든 포켓몬이 놀라운 능력을 갖췄다는 사실을 깨달았고, 과학적으로도 무척 흥미로운 내용뿐이었다.

동시에 재미있다고 느낀 점은 살아가는 모습이 닮은 포켓몬도 있고, 정반대의 능력을 갖춘 포켓몬도 있고, 치열한 라이벌 관계인 포켓몬도 있다는 사실이었다. 이들은 자연계의 동물과 같은, 아니 어쩌면 더욱더 혹독한 환경에서 살고 있을지도 모른다. 그렇다면 자연스럽게 '포켓몬들이 싸우면 어떻게 될까?' 하고 생각하게 된다!

물론 게임 속에는 포켓몬 배틀이 수도 없이 등장하며, 포켓몬 카드나 애니메이션에서도 다양한 싸움이 펼쳐진다. 원래는 트레이너의 육성 상태나 대전 상대와의 심리전 같은 요소들과도 관계있는 심오한 영역이지만, 이 책에서는 포켓몬 도감의 해설을 바탕으로 하는, 어디까지나 과학적인 대전 시뮬레이션에 대해 생각해 보고 싶다.

불꽃의 리자몽과 얼음의 레지아이스가 싸운다면?
포켓몬 중 가장 무거운 철화구야와 가장 가벼운 종이신도의 승부는?
강력한 이빨을 가진 씨카이저와 견고라스가 맞붙는다면?
약하기로 유명한 잉어킹과 미끄메라 중 누가 더 약할까?

이렇게 흥미로운 대결 구도가 얼마든지 나온다. 그래서 《상상초월 포켓몬 과학 연구소 ④》에서는 포켓몬끼리의 대결을 과학적으로 검증해 보기로 했다. 큰마음 먹고 내린 결정이다.

결론부터 말하자면 그야말로 흥미진진한 대전 시뮬레이션의 연속이었다. 단번에 결정되는 승부도 있고, 끝없이 서로 노려보기만 할 것 같은 싸움도 있다. 과학적인 조건의 차이로 승패가 갈리는 경우도 있다.

'포켓몬을 통해 자연과 과학의 재미를 전달하고 싶다'는 이유로 이 시리즈를 쓰기 시작했는데, 이번 포켓몬 대결 편에서도 그 점은 충분히 전달될 것 같다. 포켓몬은 상상의 존재지만, '싸운다'는 행위에 대해 생각하는 것은 자연계 생물들의 생태와 환경을 생각하는 것과 연결되기 때문이다.

- 공상과학연구소 소장
  야나기타 리카오

차례

포켓몬 대결에 대해 과학적으로 생각해 보자! ───── 2

이 책을 읽기 전에 ───── 11

- **리자몽 vs 레지아이스**
  무엇이든 녹이는 불꽃의 리자몽과 불꽃으로도 녹지 않는 얼음의 레지아이스. 불꽃과 얼음의 정면 승부! ───── 14

- **한카리아스 vs 아이스크**
  제트기 같은 한카리아스와 보이지 않을 정도로 빠른 아이스크. 경이로운 속도 대결! ───── 20

- **아고용 vs 거북왕**
  독액을 발사하는 아고용과 수류로 철판을 뚫는 거북왕!
  놀라운 분사력을 뽐내는 포켓몬의 대결은? —— 28

- **폭음룡 vs 짜랑고우거**
  아주 멀리까지 울부짖는 폭음룡과 꼬리를 짤랑 울리며
  위협하는 짜랑고우거. 소리 대결의 승자는? —— 34

- **괴력몬 vs 매시붕**
  주먹왕의 대결! 괴력몬과 매시붕의
  싸움에 뜻밖의 결말이? —— 40

- **랜턴 vs 네오라이트**
  심해에서 격렬하게 싸운다는 랜턴과 네오라이트!
  먹이는 과연 누구에게로? —— 46

- **잉어킹 vs 미끄메라**
  잉어킹과 미끄메라. 세상에서 가장 약한
  포켓몬끼리의 대결에 주목! —— 52

- **철화구야 vs 종이신도**
  가장 무거운 철화구야와 종이처럼 가벼운 종이신도!
  몸무게 9,999배의 결투 결과는? ─── 60

- **엠페르트 vs 장크로다일**
  날카로운 날개를 가진 엠페르트와
  강력한 큰 턱을 가진 장크로다일. 승패를 가르는 것은? ─── 66

- **단데기 vs 딱충이**
  둘 다 번데기포켓몬인 단데기와 딱충이.
  애초에 싸움이 가능할까? ─── 72

- **질뻐기 vs 스이쿤**
  물을 탁하게 만드는 질뻐기와 물을 맑게 만드는 스이쿤.
  완전 다른 두 마리의 정면 승부! ─── 78

- **야돈 vs 게을로**
  무엇을 하고 있었는지 잊어 버리는 야돈과 잠만 자는
  게을로. 가장 기운 없는 포켓몬은 과연 누구? ─── 84

- **씨카이저 vs 견고라스**
  빙산을 부수는 씨카이저! 철판을 물어뜯는 견고라스!
  날카로운 이빨을 가진 두 마리의 싸움은? ——— 92

- **주뱃 vs 루카리오**
  손에 땀을 쥐는 정보전! 주뱃의 초음파와
  루카리오의 파동 중 누구의 감지 능력이 뛰어날까? ——— 100

- **닥트리오 vs 두트리오**
  세쌍둥이 닥트리오와
  머리가 세 개인 두트리오의 놀라운 대결! ——— 106

- **고래왕 vs 파쬐옥**
  가장 큰 포켓몬과 가장 작은 포켓몬!
  고래왕과 파쬐옥이 싸우면 무슨 일이 일어날까? ——— 112

- **버터플 vs 나메일**
  꽃의 꿀을 좋아하는 버터플과 나메일.
  꿀을 차지하기 위한 싸움의 결과는? ——— 120

- **마기라스 vs 보스로라**
  마기라스가 부수면 보스로라가 고친다!
  산을 둘러싼 숙명의 대결! ——— 126

- **나옹 vs 알로라나옹**
  닮았지만 미묘하게 다르다!
  나옹과 알로라나옹이 싸우면 누가 이길까? ——— 132

- **독침붕 vs 스라크**
  독침으로 찌르는 독침붕! 낫으로 자르는 스라크!
  장렬한 싸움의 결말은? ——— 138

- **이븐곰 vs 부란다**
  등근육 힘이 1t인 이븐곰과 덤프트럭을 집어 던지는
  부란다! 괴력의 포켓몬 두 마리의 진검승부! ——— 144

- **헤라크로스 vs 쁘사이저**
  뿔이 하나인 헤라크로스와 뿔 두 개를 집게처럼
  쓰는 쁘사이저. 두 마리가 격돌하면 어떻게 될까? ——— 150

   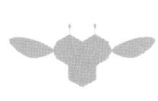 

- **잠만보 vs 꿀꺽몬**
  하루에 400kg을 먹는 잠만보! 뭐든 꿀꺽 삼키는 꿀꺽몬! 놀라운 대식가끼리의 대결 결과는? — **158**

- **푸린 vs 슬리퍼**
  노래로 잠을 재우는 푸린과 추를 흔들어 잠을 재우는 슬리퍼! 누가 먼저 잠이 들까? — **164**

- **레어코일 vs 팬텀**
  기온을 2℃ 올리는 레어코일과 실내 온도를 5℃ 낮추는 팬텀. 같은 방에 있으면 어떻게 될까? — **170**

- **세꿀버리 vs 야도농**
  진화하면 페로몬을 내뿜는 세꿀버리와 야도농. 누가 더 강력할까? — **176**

- **픽시 vs 다부니**
  바늘 소리도 들리는 픽시와 소리로 건강 상태를 알아차리는 다부니. 놀라운 포켓몬 청력 대결! — **184**

- 트로피우스 VS 눈쓰개

  트로피우스의 목에 열린 과일과 눈쓰개의 나무열매.
  맛있는 포켓몬들의 대결! ────────── 190

- 거대코뿌리 VS 알로라딱구리

  꼬마돌을 무기로 쓰는 포켓몬들! 거대코뿌리와
  알로라딱구리의 대단한 대결! ────────── 196

- 루기아 VS 가이오가

  바다의 신 루기아와 바다의 화신 가이오가.
  휘몰아치는 폭풍 속에서 벌어지는 대결전! ────────── 204

이 책을 읽기 전에

　이 책은 게임 안의 정보를 토대로 '포켓몬스터' 캐릭터의 특징이나 능력을 현실 과학과 비교하여 검증을 시도합니다. 검증 방법과 결과는 저자의 개인적인 의견이며, 포켓몬의 공식 설정이 아님을 밝혀 둡니다. 이 책에서 포켓몬이 등장하는 각각의 게임 소프트웨어 타이틀은 다음과 같이 생략하여 표기하였습니다.

포켓몬스터 파이어레드 포켓몬스터 리프그린	▶▶	파이어레드 리프그린
포켓몬스터 하트골드 포켓몬스터 소울실버	▶▶	하트골드 소울실버
포켓몬스터 블랙 포켓몬스터 화이트	▶▶	블랙　화이트 블랙 화이트
포켓몬스터 블랙2 포켓몬스터 화이트2	▶▶	블랙2　화이트2 블랙2 화이트2

포켓몬스터 X 포켓몬스터 Y	▶▶	X Y / X / Y
포켓몬스터 오메가루비 포켓몬스터 알파사파이어	▶▶	오메가루비 알파사파이어 / 오메가루비 / 알파사파이어
포켓몬스터썬 포켓몬스터문	▶▶	썬 문 / 썬 / 문
포켓몬스터 울트라썬 포켓몬스터 울트라문	▶▶	울트라썬 울트라문 / 울트라썬 / 울트라문

또한 대표적인 도감 속 정보를 일러스트와 함께 하나씩 소개합니다. 본문 속 설명 인용문에서 게임명이 표시되어 있지 않은 경우는 이 도감에서 인용한 것입니다.

본문 속 도감 정보는 읽기 쉽도록 저자의 책임하에 문장부호를 추가하였습니다.

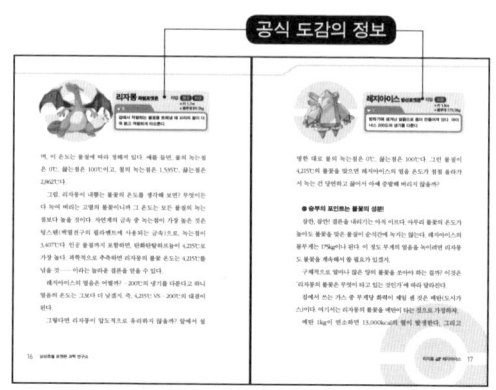

공식 도감의 정보

이 책은 필요에 따라 계산 결과를 반올림하였습니다(원칙적으로 숫자는 앞의 두 자리만 남겨 두고 반올림합니다. 예를 들어 1,450m → 1,500m로 계산하며, 0.0362g → 0.036g으로 계산합니다). 따라서 독자 여러분이 본문에 표시된 값과 방법을 사용해 계산해도, 반올림 방식이 달라서 계산 결과에 차이가 생길 수 있습니다. 절대 여러분의 실수가 아니므로 걱정하지 마시길.

참고도서

〈포켓몬스터 블랙2·화이트2 공식가이드북 완전포켓몬 전국도감〉
〈포켓몬스터 X·Y 공식가이드북 완전칼로스도감 완성가이드〉
〈포켓몬스터 오메가루비·알파사파이어 공식가이드북 완전전국도감 완성가이드〉
〈포켓몬스터썬·문 공식가이드북 하권 완전알로라도감〉
〈포켓몬스터 울트라썬·울트라문 대응 공식 포켓몬전국도감 2018〉

리자몽 VS 레지아이스

무엇이든 녹이는 불꽃의 리자몽과 불꽃으로도 녹지 않는 얼음의 레지아이스.
불꽃과 얼음의 정면 승부!

뜨거움과 차가움이 싸우면 어느 쪽이 이길까?

누구나 관심을 가질 문제일 텐데, 포켓몬 세계에도 꼭 겨루어 봤으면 하는 두 마리가 있다. 화염포켓몬 리자몽과 빙산포켓몬 레지아이스다. 한쪽은 불꽃, 한쪽은 얼음이 무기인 극과 극의 포켓몬이다.

게다가 포켓몬 도감의 설명

도 매우 흥미롭다.

리자몽은 '강한 상대를 찾아 하늘을 날아다닌다. 무엇이든 다 녹여 버리는 고열의 불꽃을 자신보다 약한 자에게 들이대지 않는다.'
오메가루비

레지아이스는 '빙하 시대에 만들어진 얼음으로 된 몸은 불꽃으로도 녹일 수가 없다. 영하 200도의 냉기를 다룬다.' 오메가루비

대단하지 않은가? 리자몽이 무엇이든 다 녹여 버리는 불꽃인 데 비해, 얼음으로 된 레지아이스의 몸은 불꽃으로도 녹일 수 없다니! 오오, 도대체 어느 쪽이 진짜일까?

한번 생각해 보자. 리자몽이 레지아이스에게 불꽃을 내뿜으면 어떻게 될까?

◎ 뭐든지 녹이는 불꽃의 온도는?

리자몽의 '무엇이든 다 녹여 버리는 고열의 불꽃'은 《상상초월 포켓몬 과학 연구소 ①》에서도 알아본 적이 있는데, 다시 한번 간단히 복습해 보자.

대부분의 물질은 온도가 올라가면 고체 → 액체 → 기체로 바뀐다. 이것이 '상태 변화'인데, 고체가 녹아 액체가 되는 온도를 '녹는점', 액체가 끓어서 기체가 되는 온도를 '끓는점'이라고 하

리자몽 화염포켓몬

타입 불꽃 비행
• 키 1.7m
• 몸무게 90.5kg

▼ X

입에서 작렬하는 불꽃을 토해낼 때 꼬리의 끝이 더욱 붉고 격렬하게 타오른다.

며, 이 온도는 물질에 따라 정해져 있다. 예를 들면, 물의 녹는점은 0℃, 끓는점은 100℃이고, 철의 녹는점은 1,535℃, 끓는점은 2,862℃다.

그럼, 리자몽이 내뿜는 불꽃의 온도를 생각해 보면? 무엇이든 다 녹여 버리는 고열의 불꽃이니까 그 온도는 모든 물질의 녹는점보다 높을 것이다. 자연계의 금속 중 녹는점이 가장 높은 것은 텅스텐(백열전구의 필라멘트에 사용되는 금속)으로, 녹는점이 3,407℃다. 인공 물질까지 포함하면, 탄화탄탈하프늄이 4,215℃로 가장 높다. 과학적으로 추측하면 리자몽의 불꽃 온도는 4,215℃를 넘을 것…… 이라는 놀라운 결론을 얻을 수 있다.

레지아이스의 얼음은 어떨까? -200℃의 냉기를 다룬다고 하니 얼음의 온도는 그보다 더 낮겠지. 즉, 4,215℃ VS -200℃의 대결이 된다.

그렇다면 리자몽이 압도적으로 유리하지 않을까? 앞에서 설

레지아이스 빙산포켓몬　타입 얼음
▼ Y
● 키 1.8m
● 몸무게 175.0kg

빙하기에 생겨난 얼음으로 몸이 만들어져 있다. 마이너스 200도의 냉기를 다룬다.

명한 대로 물의 녹는점은 0℃, 끓는점은 100℃다. 그런 물질이 4,215℃의 불꽃을 맞으면 레지아이스의 얼음 온도가 점점 올라가서 녹는 건 당연하고 끓어서 아예 증발해 버리지 않을까?

◉ 승부의 포인트는 불꽃의 성분!

잠깐, 잠깐! 결론을 내리기는 아직 이르다. 아무리 불꽃의 온도가 높아도 불꽃을 맞은 물질이 순식간에 녹지는 않는다. 레지아이스의 몸무게는 175kg이나 된다. 이 정도 무게의 얼음을 녹이려면 리자몽도 불꽃을 계속해서 쏠 필요가 있겠지.

구체적으로 얼마나 많은 양의 불꽃을 쏘아야 하는 걸까? 이것은 '리자몽의 불꽃은 무엇이 타고 있는 것인가'에 따라 달라진다.

집에서 쓰는 가스 중 무게당 화력이 제일 센 것은 메탄(도시가스)이다. 여기서는 리자몽의 불꽃을 메탄이 타는 것으로 가정하자.

메탄 1kg이 연소하면 13,000kcal의 열이 발생한다. 그리고

 -200℃의 얼음에 그 정도의 열을 쏘면 16kg이 녹아서 증발한다. 즉, 몸무게가 175kg인 레지아이스를 전부 녹여 증발시키려면 리자몽은 메탄 11kg의 불꽃을 쏘아야 한다. 이렇게 생각하면 역시 리자몽의 압승인 것 같은데…… 정말 그럴까?

 메탄 11kg은 당연히 리자몽의 몸 안에 있을 것이다. 리자몽의 몸무게는 90.5kg이므로 여기에서 11kg이 줄어들게 된다. 게다가 레지아이스도 가만히 녹기만 할 리 없다. 이리저리 도망다니며 냉기를 조종해서 반격하겠지. 리자몽은 불꽃을 필요 이상으로 토해 내서 몸 안의 메탄을 엄청 써 버릴 우려가 있다. 싸움이 길어지는 동안 점점 수척해질지도 모른다.

그뿐만이 아니다. 걱정되는 점은 레지아이스가 먼저 -200℃의 냉기를 리자몽에게 쏘았을 때다. 그럴 경우, 리자몽은 불꽃을 토해 낼 수조차 없을지도 모른다. 왜냐하면 메탄은 -188℃ 이하에서는 타지 않으니까! 그럼 레지아이스가 이길 가능성도…….

으음, 대단한 승부가 되겠지만 앞에서 말했듯이 이건 어디까지나 '리자몽의 불꽃 연료가 메탄이라면'이라는 가정을 바탕으로 한 이야기다. 만약 리자몽의 불꽃이 수소를 태운 거라면 이야기가 달라진다. 수소는 -200℃에서도 타기 때문에 이번에는 리자몽이 유리해진다.

즉, 리자몽과 레지아이스의 '불꽃 VS 얼음' 대결은 '리자몽의 불꽃은 어떤 물질이 타고 있는 것인가'에 따라 결과가 크게 달라진다. 참으로 과학적인, 손에 땀을 쥐게 하는 명승부다.

한카리아스 VS 아이스크

제트기 같은 한카리아스와 보이지 않을 정도로 빠른 아이스크. 경이로운 속도 대결!

마하포켓몬인 한카리아스는 멋있다. 용과 상어를 합친 듯한 날카로운 모습은 보기에도 경쾌하다. 포켓몬 도감에도 '제트기만큼 빠른 속도로 난다. 새포켓몬 무리에 돌진하여 그대로 무리째 삼켜 버린다' 썬 고 쓰여 있다.

사냥감을 둘러싸고 드래곤포켓몬 보만다와 공중전을 펼칠 때도 있다고 하니, 무척 박력이 넘치

는 싸움일 것 같다.

그러나 이번에 검증하려는 것은 보만다와의 싸움이 아니다. 이 책에서 생각해 보려는 상대는 시노비포켓몬 아이스크! 언뜻 보기에는 매미 같아서 별로 강해 보이지 않지만, 사실 놀라운 능력의 소유자다. 포켓몬 도감에는 '고속으로 움직여서 모습이 보이지 않는다. 울음소리만 들려서 오랫동안 투명한 포켓몬이라고 여겨져 왔다' 오메가루비 고 한다. 고속으로 움직이고 모습은 보이지 않는다니! 대단하지 않은가?

공중전에서는 속도가 빠른 편이 유리할 것이다. 자, 제트기와 맞먹는 속도로 나는 한카리아스와 보이지 않을 만큼 고속으로 움직이는 아이스크. 과연 누가 더 빠를까?

◉ 서울에서 부산까지 7분 50초!

구체적인 속도를 예상하기 쉬운 쪽은 한카리아스다. '제트기와 맞먹는 스피드' 알파사파이어 라고 설명한 포켓몬 도감도 있다. 그럼 제트기는 얼마나 빠를까?

현실 세계의 제트기는 대부분 최고 속도가 2.5M(마하)다. 마하는 비행기처럼 빠르게 움직이는 물체의 속도를 재는 단위로 기호는 M이다. 1M는 음속(소리의 빠르기)과 같다. 음속은 기온에 따

한카리아스 마하포켓몬 타입 드래곤 땅
● 키 1.9m
● 몸무게 95.0kg

▼ 알파사파이어
제트기와 맞먹는 스피드로 하늘을 난다. 노린 먹이는 놓치지 않는다.

라 변하지만, 15℃(지구의 평균 온도)일 때 초속 340m다. 이를 기준으로 하면, 2.5M란 초속 850m, 즉 시속 3,060km다. 우리나라 고속 열차인 KTX보다도 열 배 이상 빠르다!

현실 세계에서 하늘을 가장 빨리 나는 동물은 누구일까? 일정한 높이로 계속 날아가는 수평 비행이라면 바늘꼬리칼새가 최고 시속 171km이고, 위에서 아래로 빠르게 날아가는 급강하라면 송골매가 최고 시속 360km다. 이들과 비교해도 당연히 한카리아스가 훨씬 빠르다.

이렇게 빠르면 다른 포켓몬들이 전전긍긍할 수밖에 없다. 권총에서 발사된 탄환의 맨 처음 속도가 초속 200~600m인데, 이와 같은 속도로 날아간다고 해도 한카리아스에게 잡혀 버리겠지.

아주 멀리 떨어져 있다고 해도 안심할 수는 없다. 예를 들어, 여러분이 서울에 있는데, 부산에 있는 한카리아스에게 영상 통화를 걸어 '이 바보 멍청이야!'라고 놀리는 말을 했다고 상상해 보자.

아이스크 시노비포켓몬 타입 벌레 비행
● 키 0.8m
● 몸무게 12.0kg

▼ 오메가루비

고속으로 움직여서 모습이 보이지 않는다. 울음소리만 들려서 오랫동안 투명한 포켓몬이라고 여겨져 왔다.

서울과 부산은 약 400km나 떨어져 있으니 괜찮겠지…… 하고 방심했다가는 큰일이 벌어진다. 만약에 여러분이 한 말을 이해했다면, 화가 난 한카리아스가 불과 7분 50초 만에 여러분이 있는 곳에 도착한다!

◉ 보이지 않을 정도의 빠르기란?

한편, '고속으로 움직여서 보이지 않는다'는 아이스크는 얼마나 빠를까?

인간의 안구는 외안근이라는 여섯 개의 근육 덕분에 자유롭게 움직일 수 있는데, 사실 이것은 현실 세계의 다른 동물에게서는 발견할 수 없는 인간만이 가진 독특한 특징이다. 이런 인간의 눈으로도 보이지 않는다면 안구의 움직임이 아이스크의 속도를 따라잡을 수 없는 거겠지…….

안구의 움직임에는 몇 가지 종류가 있는데 그중 가장 빠른 것은

'충동성 안구 운동'이다. 안구를 재빠르게 움직여 빨리 움직이는 물체를 시야의 중심에서 포착하려는 것으로, 스포츠에서 중요시하는 동체 시력과도 관계가 있다. 그 속도는 개인차가 있지만, 0.1초당 40~70° 정도 움직이는 것으로 측정된다.

즉, 빨리 움직이는 것이 보이는지 아닌지는 각도에 달렸다.

예를 들어, 지나가는 자동차를 보는 경우를 생각해 보자. 바로 눈앞에서 달리는 자동차를 보려면 눈과 목을 좌우로 크게 움직여

야 하지만, 먼 곳을 달리는 자동차를 보려면 눈이나 목을 별로 움직이지 않아도 된다.

아이스크의 '보이지 않는 속도'를 생각할 때도 이와 마찬가지다. 한마디로 대상이 보이는지 또는 보이지 않는지의 여부는 보는 사람과의 거리에 따라 달라진다는 뜻이다.

앞에 설명한 측정 결과를 바탕으로 '0.1초에 70° 이상 움직이면 인간의 눈에는 보이지 않는다'고 가정한 다음 아이스크의 키 0.8m

를 고려해서 계산하면 다음과 같은 결과가 나온다.

10m 거리에서 보이지 않으려면 시속 533km = 0.44M!
30m 거리에서 보이지 않으려면 시속 1,541km = 1.26M!
50m 거리에서 보이지 않으려면 시속 2,550km = 2.08M!
60m 거리에서 보이지 않으려면 시속 3,054km = 2.49M!

오오, 대단하다. 만약 아이스크가 60m 떨어진 사람에게 보이지 않는다면 그 속도는 대략 2.5M다. 조금 전 검증한 한카리아스의 속도와 거의 같으므로 두 마리의 공중전은 엄청나게 격렬하겠지.

단, 몸무게는 한카리아스가 여덟 배나 무거우니까 만에 하나 접근전이 벌어진다면 튕겨 나가는 것은 아이스크다. 이 경우에는 한카리아스가 유리할지도 모른다.

◎ 속도가 103M일 가능성도?

하지만 아이스크의 속도가 그 정도는 아닐 수도 있지 않을까? 오랫동안 투명한 포켓몬으로 여겨져 왔을 정도라면 어떤 거리에 있더라도 보이지 않을지 모른다.

한편, 거리가 너무 멀어지면 시력 문제로 보이지 않을 수도 있다. 구체적으로 생각하면 키가 0.8m인 아이스크가 시력 1.0인 사람의 눈에 보이지 않게 되는 거리는 2.7km다.

아이스크는 그보다 살짝 가까운 거리인 2.5km에서도 보이지 않는다는 가정하에 그 속도를 계산해 보면, 오오! 무려 시속 12만 6,000km = 103M다. 아이스크가 한카리아스보다 41배나 빠르다는 말도 안 되는 결과가 나온다. 으음, 이렇게 되면 승부는 아이스크의 압승이 되겠군.

하지만 그렇게 빠르다면, 먹이인 수액을 빨아 먹고 싶어도 나무로 날아가 닿는 순간 나무가 부러져 버린다. 너무 빨라서 스스로 곤란해지는 이런저런 문제들이 발생할 것 같으니 아이스크도 2.5M 정도의 속도였으면 좋겠다는 생각이 든다.

아고용 VS 거북왕

독액을 발사하는 아고용과 수류로 철판을 뚫는 거북왕! 놀라운 분사력을 뽐내는 포켓몬의 대결은?

무척이나 흥미진진한 싸움이다. 알로라지방에서 발견된 울트라비스트 아고용과 포켓몬 초기부터 친숙한 거북왕. 역사의 차이는 있지만 둘 다 분사력이 대단하다!

포켓몬 공식 사이트에 의하면 아고용은 '가장 거대한 하반신의 침으로 발사하는 강력한 독은 무려 1만 미터까지 닿는다고 한다!' 한편, 거북왕은 '등껍질의 로켓포로부터 뿜어내는 수류는 두꺼운 철판도 한 번에 꿰뚫는 파괴력' 블랙2 화이트2 을 갖고 있다.

독액과 수류라는 차이는 있지만 두 포켓몬 모두 놀라운 속도로 액체를 분사한다! 이 두 마리가 만나면 과연 누가 이길까?

◉ 정말 무서운 울트라비스트

포켓몬 공식 사이트에는 아고용에 관한 무서운 설명이 있다. '거대한 배처럼 보이는 곳의 안에는 뇌와 수백 리터의 독액이 들어 있다.'

독액이 수백 L라니! 아고용이 지닌 독액의 밀도가 물과 마찬가지로 1L당 1kg이라면, 그것만으로도 수백 kg이라는 계산이 나온다. 아고용의 몸무게는 150kg인데, 독액의 무게는 넣지 않은 숫자겠지. 독액이 가득 차 있는 아고용은 엄청 무거울지도 모른다.

게다가 아고용의 배에는 뇌가 있다고 한다. 공식 사이트에는 '배에 붙어 있는 침은 뇌와 직결되어 있다. 그 때문에 침을 건드리는 것을 싫어하고 접촉하려는 것에는 격렬하게 덤벼드는 성질이 있다'고 쓰여 있다. 뇌가 배 속에 있다는 것만으로도 놀라운데, 그 뇌에 침이 직접 연결되어 있다니! 놀라운 생물이다.

여기서 떠오르는 것이 바로 자연계의 벌이다. 일벌의 침은 독을

아고용 독침포켓몬 타입 독 드래곤
●키 3.6m
●150.0kg

▼ 울트라문
울트라비스트의 일종. 독침에서 점도가 높고 빛나는 독액을 발사한다.

만드는 독샘에 연결되어 있다. 그럼, 침이 뇌에 직접 연결되어 있는 아고용은 뇌가 독을 만드는 걸까? 실제 상황은 수수께끼지만 정말로 상식을 초월한 포켓몬이다.

그런 아고용이 독액을 발사한다니 무섭다. 독액의 비거리(날아가는 거리)는 무려 10,000m = 10km다. 만약 아고용이 현실 세계의 서울에 나타나서 서울역에서 강남 쪽으로 독액을 발사한다면, 용산과 고속버스터미널을 지나 서초동에 떨어진다! 서울 도심부의 절반이 아고용의 독액 사정권 안에 있다. 이런!

이 정도 거리라면 어처구니없는 속도로 발사되겠지. 구체적인 속도를 계산하기 위해 여기서는 침의 길이가 130cm, 끝부분의 지름이 15cm, 기둥 부분의 지름이 26cm이며, 침에 들어 있는 만큼의 독액을 발사하고, 독액의 밀도는 물과 같다고 가정하자. 그렇다면 독액은 지름 15cm, 길이 2.3m, 무게 44kg의 독수류가 되어 발사된다는 계산이 나오며, 여기에 작용하는 공기 저항을 이겨내

거북왕 껍질포켓몬 　타입 물
▼ 블랙2 · 화이트2
● 키 1.6m
● 몸무게 85.5kg

등껍질의 로켓포로부터 뿜어내는 수류는 두꺼운 철판도 한 번에 꿰뚫는 파괴력이 있다.

고 10,000m를 날리려면 발사 속도는 무려 1.53M가 된다!

◎ 거북왕의 수류 속도는?

경이로운 아고용의 독액 발사! 과연 거북왕은 아고용을 이길 수 있을 것인가?

두꺼운 철판을 꿰뚫는다는 거북왕의 수류에 대해서는 《상상초월 포켓몬 과학 연구소 ①》에서 이미 검증했다. 그때는 현실 세계의 '워터젯 공법'의 예를 들어 어떤 워터젯의 수류 분사 속도가 1.5M이고, 거북왕의 수류도 이와 같을 거라고 가정하여 위력을 계산했다. 워터젯 공법은 가느다란 노즐에서 물을 고속으로 분사해 웬만한 도구로는 자르기 힘든 고무나 섬유강화 플라스틱 같은 소재도 말끔하게 자른다. 암석이나 금속 가루 등의 연마제를 섞으면 콘크리트나 강철, 그리고 지구에서 가장 단단한 다이아몬드까지도 절단할 수 있으므로, 거북왕의 수류를 이 공법에 비유한 것은 적절

했다고 생각한다. 그렇다면 거북왕의 수류 속도는 1.5M다. 으음, 아고용의 1.53M에 미묘하게 못 미치는걸? 아고용의 승리인가!?

그렇지는 않을 것이다. 앞에서 설명했듯이 지금까지의 계산에는 많은 가정이 들어 있으므로 이런 근소한 차이라면 승패를 예측하기가 어렵다. 아고용의 경우, 밀도가 물과 같다는 가정도 있고(독이 든 이상 실제 밀도는 물보다 클 가능성도 높다), 거북왕의 1.5M

라는 수치는 연마제가 든 워터젯 공법의 속도에 지나지 않으니까 (연마제 없이 같은 효과를 발휘한다면 거북왕의 수류는 더 빠를지도 모른다!).

◉ 자, 승자는 과연 누구일까?

그런 이유로 두 포켓몬의 실력이 막상막하라 대전 결과를 예측하기가 어려워졌다. 하지만 한 가지 확실한 것이 있는데 이렇게 빠른 속도로 수류를 분사하면 '작용-반작용의 법칙'으로 자신은 반대 방향으로 힘을 받는다는 사실이다. 힘의 세기는 아고용이 260t, 거북왕이 3,000t이다!

우아, 거북왕이 훨씬 큰 힘을 받아 버리는걸. 거북왕의 위기인가? 하지만 거북왕은 그나마 다행이다. 반작용을 받는 로켓포는 튼튼한 등딱지에 달려 있고, 두 대가 가리키는 방향도 꽤 달라서 두 대를 동시에 발사하면 두 개의 로켓포에 걸린 반작용이 서로 상쇄된다. 따라서 거북왕 자신이 날아갈 일이 없을지도 모른다.

그러나 아고용의 경우는 반작용을 받는 침이 뇌에 직결되어 있다! 뇌에 260t이나 되는 힘이 주어지면 무슨 일이 일어날까…….

승패의 행방은 아고용의 뇌가 얼마나 튼튼한지에 달렸다. 과연, 목숨을 건 분사 대결이다.

폭음룡 VS 짜랑고우거

아주 멀리까지 울부짖는 폭음룡과 꼬리를 짤랑 울리며 위협하는 짜랑고우거. 소리 대결의 승자는?

폭음룡은 시끄럽다. 게다가 커다란 입을 쩍 벌리고 있어서 턱이 땅에 닿을 것만 같다. 몸 전체에 소리를 내는 기관이 있어서 공기를 빨아들여 엄청나게 커다란 소리를 낸다.

포켓몬 도감에는 '폭음룡이 멀리 짖으면 10km 전방까지 닿는다' 블랙2 화이트2 고 하니, 정말 소음포켓몬이라는 이름에 부끄럽지 않은 강자다.

　이에 맞서는 상대는 비늘포켓몬인 짜랑고우거다. 짜랑고우가 혹독한 수련을 거쳐 빛나는 비늘을 몸에 걸친 짜랑고우거로 진화했다. 도감에는 '적을 보면 꼬리의 비늘을 짤랑짤랑 소리를 내며 위협한다' 썬 고 하는데, 그 이유는 약한 상대와의 싸움을 피하기 위해서라고 한다. 오, 이 얼마나 멋진 포켓몬인가!

　이 두 마리가 소리로 싸우면 과연 누가 이길까? 짜랑고우거의 의연한 모습은 멋있지만, 10km 전방까지 미치는 폭음룡의 큰 소리에 대항할 수 있을까? 과학적으로 생각해 보자.

◉ 소리로 위협하는 동물들의 실력

　짜랑고우거는 꼬리의 비늘을 짤랑짤랑 소리 내며 위협한다. 이 설명으로 떠오르는 동물은 현실 세계의 방울뱀과 호저다.

　방울뱀은 큰 개체의 경우 몸길이가 2m를 넘는 독사다. 벗은 허물을 꼬리 끝에 차곡차곡 쌓아 두었다가 흔들면서 '치이이익! 치이익!' 하는 무서운 소리를 낸다. 방울뱀의 서식지인 북아메리카에서 가장 큰 몸집을 자랑하는 아메리카들소도 이 소리를 들으면 도망친다고 한다.

　호저는 몸 뒤쪽 절반의 털이 굵고 날카로운 가시로 되어 있다.

폭음룡 소음포켓몬 　타입 　노말
● 키 1.5m
● 몸무게 84.0kg

▼ X

폭음룡이 짖는 소리는 10km 전방까지 닿는다. 몸 곳곳의 구멍에서 갖가지 소리를 낸다.

이 가시를 흔들어 '샥!' 하는 소리를 내며 위협한다. 사자도 이 소리에 겁을 낸다고 하니, 둘 다 놀라운 효과가 있다.

하지만 위협해도 도망가지 않으면 어떻게 될까? 방울뱀의 경우 독니로 꽉 물어 버린다. 그 독은 세포 자체를 파괴한다니 무섭다! 호저는 등을 돌린 채로 돌진한다. 뒤쪽으로 나 있는 가시는 고무장화나 알루미늄 캔조차 뚫는다니 대단하다! 두 동물 다 위협하는 것뿐만 아니라 무서운 파괴력까지 갖추고 있다.

짜랑고우거도 마찬가지겠지. '강철의 비늘을 두른 주먹을 휘두르며 용감하게 싸운다' 울트라문 고 하니, 위협하는 비늘 소리가 들려오면 재빨리 도망가야 한다. 그렇지 않으면 틀림없이 공격당할 테니까!

◎ 트레이너도 기절한다고?

한편, 폭음룡이 우는 소리는 10km 떨어진 곳까지 들린다고 한

짜랑고우거 비늘포켓몬 타입 드래곤 격투
● 키 1.6m
● 몸무게 78.2kg

▼ 썬
적을 보면 꼬리의 비늘을 짤랑짤랑 소리를 내며 위협한다. 약한 자는 허둥대며 도망간다.

다. 소리는 멀어질수록 작아지기 때문에 폭음룡이 우는 곳에서는 어마어마하게 큰 소리가 났을 것이다.

소리의 크기는 dB(데시벨)이라는 단위로 표시하는데, 인간이 평소에 대화하는 소리는 60dB이다. 여기서는 폭음룡이 우는 소리가 10km 떨어진 사람에게 '10m 떨어진 자동차의 경적'과 비슷한 정도로 들린다고 가정하자. 그럼 90dB로 들리게 된다.

거리가 열 배씩 멀어질 때마다 소리는 20dB씩 작아진다. 10km에서 90dB이면 1km에서는 110dB, 100m에서는 130dB, 10m면 150dB, 1m까지 다가오면 170dB!

앗, 이러면 큰일이다. 인간은 130dB을 넘는 소리를 들으면 기절한다. 즉, 폭음룡이 짖으면 반경 100m 안에 있는 인간은 기절해 버린다는 얘기다. 싸울 때 트레이너는 포켓몬 가까이에 있을 테니 가장 먼저 기절하게 된다. 아…… 잊지 말고 귀마개를 꼭 챙겨야겠다!

◉ 서로 '방음'이 가능하다면?

자, 이 두 마리가 싸우면 어떻게 될까? 만약 짜랑고우거가 인간과 같은 청력을 가지고 있다면 폭음룡이 내지르는 소리에 기절할 가능성이 있다. 100m 이상 떨어지고 싶지만 그 정도 거리라면 짜랑고우거가 위협하는 소리는 폭음룡에게 아예 안 들릴지도 모른다…….

　그렇다면 싸움은 시작되지 않는 것일까? 하고 생각하니, 오오! 짜랑고우거의 특성에는 '방음'이 있다. 그리고 이런, 폭음룡에게도 '방음' 특성이 있네!

　이것으로 폭음룡의 폭음을 막을 수 있다면 짜랑고우거는 거리를 좁혀 폭음룡에게 접근할 것이 확실하다. 그리고 꼬리를 흔들어 거칠게 위협한다! 하지만 그 소리에 물러날 폭음룡이 아니므로 즉시 맹렬한 육탄전이 시작된다.

　여기서 유리한 쪽은 짜랑고우거일지도 모른다. 방음으로 폭음룡의 소리를 무력화할 가능성이 있는 데다가 짜랑고우거는 어퍼컷이 특기다! 그 긴 팔을 아래에서 위로 휘둘러 턱으로 날리면 아무리 대단한 폭음룡이라도 큰 타격을…… 응!? 어퍼컷이라고?

　앞에도 썼지만, 그림을 보면 폭음룡은 입을 크게 벌리고 있어서 턱이 땅에 닿을 것만 같다. 짜랑고우거가 폭음룡의 턱을 때리려면 어떻게 해야 할까?

　입을 쩍 벌리고 있는 폭음룡과 틈새를 노려 어퍼컷을 날리려는 짜랑고우거가 서로 노려보겠지. 엄청난 소리를 지닌 두 포켓몬끼리의 대결이거늘, 긴장감 속에서 정적만이 흐를 뿐이었다고 한다…….

괴력몬 VS 매시붕

주먹왕의 대결!
괴력몬과 매시붕의 싸움에
뜻밖의 결말이?

울트라비스트는 무섭다. 수수께끼로 가득한 존재인 데다 무시무시한 능력의 소유자다. 울트라홀 너머의 세계에 사는 포켓몬이라 의사소통 방법이 다른 건지, 우리에게는 기계적이고 차갑게 느껴진다…….

그런 울트라비스트 중에서 그나마 애교가 느껴지는 포켓몬이 매시붕이다. 단련된 보디

빌더 같은 육체미를 마구 뽐낸다! 포켓몬 도감에는 '다른 세계에서 나타난 UB이다. 스스로 몸을 보여 주는 행동이 자랑인지 위협인지 알 수 없다'썬고 하는데, 이건 아무리 봐도 자랑 같다.

그러나 놀라운 것은 생김새뿐만이 아닌 듯하다. '한 방의 펀치로 덤프트럭을 분쇄하는 광경이 목격되었다'문고 하니, 역시 놀라운 녀석임이 틀림없다.

그런 매시붕이 나타난다면 난처해지는 포켓몬은 괴력몬 아닐까. 초기부터 활약한 괴력몬은 무려 '2초 동안 1000번의 펀치를 날릴 수 있다'x는 주먹왕이다. 펀치라면 괴력몬이라고 생각해 왔는데, 거기에 매시붕이 끼어든 상황이다.

자, 괴력몬과 매시붕 중 과연 누가 더 셀까? 이제 대결의 시작을 알리는 공이 울린다!

◉ 속도를 높이면 파괴력도 강해진다!

괴력몬은 2초 동안 펀치를 1,000발이나 날린다. 이것만으로도 놀라울 지경인데 한 발 한 발의 위력도 보통이 아니다. '메가톤급의 펀치를 날려 앞을 가로막는 적을 지평선 너머까지 날려 버린다'썬고 하니 정말 대단하다!

과학적으로는 당연한 일이다. 2초 동안 1,000발이나 되는 펀치

괴력몬 괴력포켓몬 타입 격투
▼ X
• 키 1.6m
• 몸무게 130.0kg

발달한 4개의 팔은 2초 동안 1000번의 펀치를 날릴 수 있다.

를 날린다면 속도가 엄청나게 빠를 테고, 그 위력도 상당하겠지.

괴력몬의 펀치가 어느 정도 빠른지 그 속도를 구체적으로 생각해 보자. 2초 동안 펀치를 1,000발 날린다면 1초 동안은 500발을 날린다. 키가 1.6m인 괴력몬이 이런 맹렬한 기세로 되풀이하는 펀치의 속도는 시속 1,440km = 1.2M(마하)다!

그리고 앞에서 소개한 '앞을 가로막는 적을 지평선 너머까지 날려 버린다'는 내용을 토대로 계산하면 더 놀라운 펀치력이 나온다. 괴력몬의 키는 1.6m이므로, 4.4km 이상 떨어진 지점은 지구가 둥글어서 보이지 않는다. 즉, 이 4.4km는 지평선까지의 거리다. 상대의 몸무게가 괴력몬과 같은 130kg일 경우, 4.4km를 날려 버리는 펀치의 속도는 무려 시속 11,000km = 9.1M다!

⊙ 파괴력으로 이기는 것은 누구?

이만큼 대단한 괴력몬의 펀치를 메시붕이 과연 이길 수 있을까?

매시붕 팽창포켓몬

타입 벌레 격투
● 키 2.4m
● 몸무게 333.6kg

▼ 문
정체불명의 UB. 한 방의 펀치로 덤프트럭을 분쇄하는 광경이 목격되었다.

   매시붕의 펀치는 덤프트럭을 분쇄한다는데, 날려 버리는 것도 아니고 파괴하는 것도 아니고 분쇄한다는 사실이 무섭다. 국어사전에서 '분쇄'를 찾아보면 '단단한 물체를 가루처럼 잘게 부스러뜨림'이라고 나온다. 으음, 이 울트라비스트는 펀치 한 방으로도 덤프트럭을 자잘한 부품이 될 때까지 부스러뜨릴 수 있다는 것이겠지. 현실 세계에서 같은 상황이 되려면 대전차포라도 쏘는 수밖에 없지 않을까.

   몸무게 333.6kg인 매시붕이 펀치로 그만큼의 에너지를 낸다면 주먹의 속도는 시속 3,200km = 2.6M다.

   어라? 그렇다면 지평선 너머까지 날려 버리는 괴력몬의 펀치가 3.5배나 빠르다. 게다가 펀치의 에너지는 '몸무게 × 속도 × 속도'로 결정되니까 둘의 몸무게와 펀치 속도를 대입해서 비교하면, 괴력몬의 펀치 에너지는 매시붕의 4.7배가 된다. 이런, 펀치의 파괴력은 괴력몬이 더 크다!

◉ 자, 대결의 공이 울리면……!?

좋아 좋아, 이렇게 되면 괴력몬의 승리가 확실하겠지. 자, 시합이 시작됐다! 아마 펀치력에서 불리한 매시붕은 상대의 펀치를 맞지 않으려고 도망만 다니겠지…….

이렇게 생각했지만, 속단할 수 없는 것이 실전의 재미다. 분명히 계산상으로 보면 펀치의 파괴력은 괴력몬이 강하다. 매시붕이 그 펀치를 맞는다면 660m나 날아가 버린다.

하지만 괴력몬이 매시붕의 펀치에 맞을 경우, 괴력몬이 날아가는 거리는 무려 2.4km! 양쪽의 몸무게가 달라서 생기는 비거리의 차이다. 어쨌든 매시붕이 2.6배나 무거우니까!

펀치의 에너지는 괴력몬이 우세해도 막상 펀치를 맞으면 괴력몬이 요란하게 날아간다. 660m와 2.4km의 낙하 충격을 비교하면 후자가 크니까 당연히 받는 타격도 크다. 이런 것이 바로 싸움의 묘미다. 권투 같은 각종 격투기에서 몸무게로 엄격하게 체급을 정하는 것도 충분히 납득이 간다.

　게다가 매시붕의 키(2.4m)도 괴력몬의 키(1.6m)보다 1.5배나 크기 때문에 팔 길이도 압도적으로 길다. 이는 괴력몬의 펀치가 닿지 않는 거리라도 매시붕의 펀치는 닿을 수 있다는 얘기다. 크, 큰일인데 괴력몬!?

　물론 괴력몬도 가만히 당하고만 있지는 않겠지. '4개의 팔로 공격도 방어도 동시에 해낸다. 이 세상의 모든 격투기를 통달했다고 한다' 울트라문, '4개의 팔로 상대를 붙잡아 복잡한 모양으로 세게 조른다. 사람들은 괴력몬 스페셜이라고 부른다' 울트라썬 고 하니, 괴력몬에게는 매시붕의 펀치를 맞받아치는 척하면서 접전으로 끌고 갈 것을 추천하고 싶다!

　한 가지 더 걱정되는 것은 매시붕이 육체미를 어필할 경우, 같은 근육맨 입장에서 괴력몬이 관심을 보이지 않을까 하는 문제다. 몸을 팽창시켜 근육을 자랑하는 매시붕에게 무심코 시선을 빼앗겨 버리면 그 펀치를 맞아 2.4km나 날아가 버릴 테니······.

　나로서는 괴력몬의 건투를 비는 바이다.

랜턴 VS 네오라이트

심해에서 격렬하게 싸운다는 랜턴과 네오라이트! 먹이는 과연 누구에게로?

랜턴과 네오라이트. 둘 다 귀엽게 생긴 포켓몬이라 배틀을 상상하기 어렵지만 의외로 포켓몬 도감은 네오라이트에 대해 이렇게 설명한다. '깊은 바다 밑은 먹이가 적다. 귀한 먹이를 두고 랜턴과 격렬히 싸운다.' 울트라썬

아니 이런, 이 두 포켓몬, 격렬하게 싸운다니!

라이트포켓몬 랜턴과 네온포켓몬 네오라이트는 공통점이 많다. 둘 다 심해에 살며, 몸 크기도 랜턴이 키 1.2m, 몸무게 22.5kg, 네오라이트가 키 1.2m, 몸무게 24kg으로 거의 같다. 랜턴은 머리의 촉수를 반짝이고, 네오라이트는 지느러미 무늬를 반짝거린다. 흠, 그렇게까지 닮았다면 사이좋게 지내는 게 좋을 텐데……

 앗, 그렇다. 나는 방금 과학적으로 부주의한 발언을 해 버렸다! 생물의 문제를 생각하는 데 있어서 가장 중요한 것인데, 과연 무엇이 부주의했는지 여러분은 알 수 있을까?

◉ 자연계의 '생태적 지위'란 무엇일까?

 닮았으니 사이좋게 지내자. 생물에 대해 생각할 때 이런 발상은 문제가 있다.

 자연계 안에서 생물들이 차지하는 위치나 역할을 '생태적 지위'라고 한다. 예를 들어, 사자의 생태적 지위는 초원에 살며, 다른 동물들을 잡아먹는 것이다. 대부분 곤충의 생태적 지위는 꽃의 꿀을 빨고, 꽃가루를 옮기는 것이다. 다른 생물이 같은 생태적 지위를 차지하면 싸움이 일어나 한쪽이 멸종해 버리는 경우도 있다.

 이런 상황을 피하려고 생물들은 서식지와 먹이를 분리함으로써 생태적 지위가 겹치지 않도록 한다. 사자와 호랑이는 둘 다 다

랜턴 라이트포켓몬 타입 물 전기
• 키 1.2m
• 몸무게 22.5kg

▼ 울트라문
바닷속 깊고 깊은 곳에 산다. 빛으로 먹이의 눈을 멀게 해서 풀이 죽은 틈을 타 통째로 삼킨다.

른 동물을 잡아먹지만 사자는 아프리카의 초원에 살고, 호랑이는 유라시아의 밀림에서 산다(서식지 분리). 곤충은 종류에 따라 각각 다른 꽃의 꿀을 빤다(먹이 분리). 사자와 호랑이가 같은 곳에서 살거나 곤충들이 같은 꽃으로만 모여든다면 맹렬한 싸움이 계속 되풀이될 것이다.

이 점에서 랜턴과 네오라이트는 둘 다 심해에 살며, 빛으로 먹이를 유인해서 잡고, 몸의 크기도 거의 같으며, 같은 먹이를 먹는다. 생태적 지위가 완전히 일치한다! 이렇다면 사이좋게 지내는 것은 좀 어려운 이야기다. 격하게 싸우는 것도 당연하겠지.

◎ 속도는 누가 빠를까?

랜턴과 네오라이트의 싸움은 과학적으로 꽤 타당한 이야기다. 생존을 건 혹독한 싸움이 되겠지. 그럼, 살아남는 것은 누구일까? 두 포켓몬의 먹이 사냥법에 대해 포켓몬 도감에서는 다음과 같

네오라이트 네온포켓몬 타입 물
• 키 1.2m
• 몸무게 24.0kg

▼ 오메가루비

깊은 바다의 밑바닥에서 산다. 4개의 지느러미 무늬를 반짝거려 먹이를 끌어들인다.

이 설명한다.

랜턴은 '빛으로 먹이의 눈을 멀게 해서 풀이 죽은 틈을 타 통째로 삼킨다.' 울트라문 으음, 그 귀여운 랜턴이 입을 쫙 벌려서 먹이를 한입에……!?

네오라이트는 '지느러미를 사용해 해저를 기어 좋아하는 아쿠스타를 찾는다.' 문 아쿠스타는 키 1.1m, 몸무게 80kg이다. 네오라이트는 몸무게가 24kg이니 자기보다 세 배 이상 무거운 포켓몬을 즐겨 먹는 셈이다. 흠, 역시 생김새와 어울리지 않는 거친 포켓몬들이군.

신경 쓰이는 점은 네오라이트가 지느러미를 사용해 해저를 기어 다닌다는 점이다. 이렇게 이동하면 역시 속도가 빠르지는 않겠지.

한편, 랜턴의 꼬리지느러미는 커다란 초승달 모양이다. 현실 세계에서는 참치나 새치처럼 빨리 헤엄치는 물고기의 특징이다. 그렇다면 속도로는 랜턴이 유리할까…… 라고도 생각되지만, 승부의 행방을 점치기에는 아직 정보가 부족하다.

⊙ 먹이의 사냥법이 다르다고?

그럼, 각자의 특기인 빛의 위력은 어떨까?

앞에서 설명했지만, 랜턴은 빛으로 사냥감의 눈을 멀게 한다고 한다. 그 원리는 '촉수에 사는 박테리아가 랜턴의 체액을 빨아들일 때 강한 발광 현상이 일어난다' 울트라썬 는 데 있다. 박테리아는 세균이라고도 부르는 미생물이다. 현실 세계에도 빛을 내는 생물이 있는데, 바닷물고기인 초롱아귀도 이 박테리아를 이용한다는 설이 있다. 어쨌든 상당히 강한 빛임은 틀림없겠지.

한편, 네오라이트에 대해 포켓몬 도감은 '빛으로 먹이를 유인' 썬 한다고 설명한다. 이 문장으로 봐서는 사냥감에 타격을 입힐 정도로 밝은 빛은 아니겠지. 랜턴이 강한 빛으로 사냥감의 눈을 멀게 하는 데 비해 네오라이트는 부드러운 빛으로 사냥감을 유인하는 걸까? 이런 식으로 마음대로 상상했더니, 네오라이트 설명은 다음과 같이 이어진다. '하지만 천적인 사나운 물고기포켓몬까지 다가온다.' 썬 으악, 큰일이군!

아니, 아니지. 과학적으로 생각하면 좋은 계기가 된다. 네오라이트가 유인한 천적을 랜턴이 눈을 멀게 한 후 통째로 삼키고, 네오

라이트는 다른 약한 사냥감을 먹으면 된다. 이렇게 자연계에서 두 종류의 생물이 협력해서 이익을 주고받는 것을 '상리공생'이라고 한다. 먹이가 적은 해저에서 서로 싸우는 랜턴과 네오라이트지만, 그런 방법으로 상리공생하면 실로 윈-윈(win-win)의 관계다.

결국 둘 다 승리를 거두지 않을까……. 나로서는 두 포켓몬 모두 오래 살기를 바라니까 말이다.

잉어킹 VS 미끄메라

잉어킹과 미끄메라, 세상에서 가장 약한 포켓몬끼리의 대결에 주목!

이 대결은…… 어떻게 생각하면 좋을까. 몇백 종류나 있는 포켓몬 중에서도 약하기로 유명한 두 마리가 싸운다는 것이다.

포켓몬 도감에는 잉어킹에 대해 '힘도 스피드도 거의 없다. 세상에서 가장 약하고 한심한 포켓몬이다' x , '아주 먼 옛날에는 좀 더 강했던 것 같

다. 그러나 지금은 안쓰러울 정도로 약하다' Y 라며, '약한 것'이 가장 큰 특징인 것처럼 쓰여 있다.

한편 미끄메라도 '가장 약한 드래곤포켓몬이다. 미끌미끌한 몸이 마르지 않도록 축축한 그늘에서 산다' 오메가루비 , '가장 약한 드래곤포켓몬. 피부가 마르면 숨을 쉴 수 없어서 그늘에서 가만히 있다' 썬 는 등 약하고 그늘에 있다는 사실만 강조한다. 흠, 전혀 흥이 나지 않을 것 같은 싸움이군.

여기서 고민이 되는 것은 이 싸움에서 승부를 무엇으로 가를 것인가 하는 점이다. 포켓몬 중에서도 가장 약하기로 유명한 두 마리가 싸우는 이상, '강함'이 아니라 '약함'으로 우열을 가려야 하는 거 아닐까? 즉, 더 약한 쪽이 이기는 것이다. 왠지 좀 이상하기도 하고, 혼란스럽기도 하지만 여기서는 '최약체 결정전'을 생각해 보기로 하자……

◎ 승패의 요소를 각각 생각해 보자

계속해서 말하지만, 실제 싸움은 흥이 나지 않을 것 같으니 우선 승패를 결정하는 요소마다 누가 우세한지(즉, 약한지)를 생각해 보자. 현실의 격투기에서는 체격, 신체 능력, 공격과 방어 기술, 상황에 따른 대처력, 정신력 이렇게 다섯 가지 요소로 판단한다.

잉어킹 물고기포켓몬 타입 물
• 키 0.9m
• 몸무게 10.0kg

▼ X

힘도 스피드도 거의 없다. 세상에서 가장 약하고 한심한 포켓몬이다.

먼저 체격!

잉어킹은 키 0.9m, 몸무게 10kg으로, 키 0.3m, 몸무게 2.8kg인 미끄메라를 압도한다. 싸움에서는 몸집이 크고 무거운 쪽이 유리하니까 잉어킹의 승리. 앗, 아니, 반대인가!? 잉어킹이 강하니까 이기는 쪽은 미끄메라다. 음…… 복잡하군.

다음은 신체 능력!

잉어킹은 힘도 스피드도 거의 없다. 그늘에 가만히 있는 미끄메라 역시 마찬가지겠지. 하지만 포켓몬 도감에는 잉어킹에 관한 이런 설명이 있다. '튀어 오르기만 하는 한심한 포켓몬' 오메가루비 , '가끔 높이 뛰어오르지만 겨우 2m를 넘는 것이 고작이다.' 하트골드

아니, 물에서 2m나 뛰어오른다니 정말 대단하지 않은가! 수영선수 중에서도 그렇게 할 수 있는 사람은 없다. 과학적으로 생각하면 수면에서 2m 뛰어오르기 위해서는 시속 23km라는 속도가 필요하다. 하지만 남자 100m 자유형 세계 기록(46.91초) 보유자

미끄메라 연체포켓몬   타입 드래곤
● 키 0.3m
● 몸무게 2.8kg

▼ 오메가루비

가장 약한 드래곤포켓몬이다. 미끌미끌한 몸이 마르지 않도록 축축한 그늘에서 산다.

조차 평균 속도는 시속 7.7km다. 시속 23km로 뛰어오를 수 있다니 대단한걸, 잉어킹!

게다가 '오래 산 잉어킹은 뛰어 오르기로 산도 넘을 수 있지만 기술의 위력은 여전히 약하다.' 블랙2 화이트2 기술의 위력은 여전히 약하다지만 뛰어 오르기로 산을 넘을 수 있다니 경이로운 지구력이다.

신체 능력에서도 잉어킹이 우세하므로 미끄메라의 승리다.

◉ 무척이나 약해 보이는 미끄메라

계속해서 공격과 방어 기술!

여기서 유리한 아니 불리한(이것 참 헷갈린다!) 쪽은 미끄메라다. 포켓몬 도감에는 '미끌미끌한 점막으로 덮여 있는 몸은 적의 펀치나 킥을 매끄럽게 미끄러뜨린다' 알파사파이어, '미끌미끌한 점막으로 몸을 지킨다. 점막은 세균투성이이므로 만지면 반드시 손을 씻자' 문 라고 쓰여 있다.

반면, 잉어킹은 그러한 방어력이 전혀 없다. 그렇다면? 오오, 잉어킹의 승리다.

그리고 다음은 상황에 따른 대처력!

미끄메라는 '피부가 마르면 숨을 쉴 수 없어서 그늘에 가만히 있다.' 썬 고 한다. 그늘이 아닌 환경에서는 살 수 없다는 뜻이다. 그에 비해 잉어킹은 '아무리 더러워진 물에서라도 살 수 있는 끈질긴 포켓몬이다.' 알파사파이어

흠, 대처력은 잉어킹이 훨씬 위로군. 그러니 이것도 미끄메라의 승리다.

마지막 비교 항목은 정신력!

잉어킹은 '아무튼 튀어 오른다. 이유도 없이 튀어 오른다. 튀어 오르고 있을 때 날아온 피죤 등에게 잡혀 버린다.' 소울실버 오오, 잡혀 버리더라도 튀어 오르는 것을 그만둘 수 없다니……. 꽤 강한 정신력 아닐까?

한편, 미끄메라는 '뿔로 주변의 상황을 살핀다. 매우 민감하여 잡으면 쇼크로 움직일 수 없게 된다.' 울트라썬 뿔을 잡기만 해도 쇼크로 움직일 수 없게 된다니 정말 정신력이 약하잖아, 미끄메라!

따라서 이 부문에서도 미끄메라가 이겼다고 볼 수 있을 것 같다.

☉ 처절한 최약체 결정전!

이러한 이유로 요소별로 검토한 결과, 4승 1패로 미끄메라의 승리다. 오해가 없도록 다시 말해 두지만 그만큼 미끄메라가 약하다는 이야기다.

음, 하지만 이것으로 결론을 내리기에는 좀 이른 듯하다. 소문으로는 불리하다고 알려진 선수가 실제 시합에서 이기는 경우도 얼마든지 있으니 말이다.

좋다, 그렇다면 직접 대결을 시뮬레이션해 보자!

잉어킹은 물속에서 살고, 미끄메라는 그늘에서 나오지 않으니 대결 장소는 숲의 늪지대나 다리 밑 어두운 곳으로 한다. 질퍽한 장소에서 몰래 싸우는 것이다.

우선, 먼저 공격하는 쪽은 잉어킹이겠지. 하지만 '튀어 오르기만 하는 한심한 포켓몬' 오메가루비 이므로 공격이라고 해도 튀어 오를 뿐이다. 그래도 미끄메라 입장에서 보면 자기보다 세 배나 무거운 상대가 2m 높이에서 낙하하는 것만으로도 상당한 충격을 받을지 모른다. 하지만 '미끌미끌한 점막으로 덮여 있는 몸'은 잉어킹도 미끄러지게 하므로 전혀 타격을 입지 않는다!

반대로 미끄메라의 점막은 세균투성이기 때문에 공격한 잉어킹에게 타격을 입히지 않을까? 하는 생각을 잠시 해 보지만…… 잉어킹은 아무리 더러운 물에서도 살 수 있으니 아무 문제가 없다!

이런, 아무리 봐도 떨떠름한 싸움이다. 잉어킹의 공격도 통하지 않고, 미끄메라의 방어도 의미가 없다. 튀어 오르면 미끄러지고, 튀어 오르면 미끄러지기만 되풀이할 뿐. 보통 튀어 오르기만 하는 잉어킹이 지칠 것 같지만 또 지구력이 만만치 않으니…….

결국 어떻게 될까? 잉어킹이 너무 높이 튀어 올라 물에 돌아오지 못하면 숨을 쉴 수 없게 되지 않을까? 아니, 하지만 튀어 오르면서 산도 넘을 수 있다니 괜찮겠지. 그에 비하면 미끄메라는 피부가 마를 경우, 숨을 쉬지 못하게 되니 너무 오래 싸우게 되면 불리할지도…….

그렇다면 잉어킹의 승리로 끝나는 것인가?

아, 아니지! 가장 약한 포켓몬을 결정하는 대결이니까 싸움에 진 미끄메라의 승리라고 해야 하나? 흠, 정말 까다로운 승부다.

철화구야 VS 종이신도

가장 무거운 철화구야와 종이처럼 가벼운 종이신도! 몸무게 9,999배의 결투 결과는?

 육탄전에서는 몸무게가 무거운 쪽이 유리하기 때문에 격투기에는 체급이 엄격하게 정해져 있다. 가장 엄격한 종목은 권투로, 몸무게가 2~3kg만 차이 나도 서로 다른 체급에서 싸운다.
 하지만 포켓몬 배틀에 그런 친절한 규칙은 존재하지 않는다. 가볍고 작은 포켓몬이 무

겁고 큰 포켓몬과 싸우는 경우가 얼마든지 있는 혹독한 세계다.

그렇다고는 하지만 아무리 생각해도 막무가내라고 여겨지는 것이 철화구야와 종이신도의 싸움이다. 철화구야는 몸무게가 999.9kg으로 포켓몬 중 가장 무겁다. 종이신도는 0.1kg으로 포켓몬 중 가장 가볍다. 두 포켓몬의 몸무게 차이는 놀랍게도 무려 9,999배다!

평소 같으면 생각할 필요도 없었겠지만, 독자로부터 '꼭 과학적으로 검토해 주길 바란다'는 요청을 받았다. 아무래도 종이신도에게도 이길 기회가 있다고 여기는 것 같았는데, 왜 그렇게 생각하게 되었을까?

대조적인 울트라비스트끼리의 싸움을 생각해 보자.

◉ 일방적인 싸움이 될지도

몸무게의 차이가 9,999배라는 사실은 보통 일이 아니다. 몸무게가 40kg인 초등학생이 몸무게 39만 9,960kg = 399.96t인 거대 생물과 싸우는 것과 같다.

현실 세계에서는 육지 동물 중 가장 무겁다는 아프리카코끼리가 7t, 멸종한 사상 최대 공룡 아르젠티노사우루스조차도 최대 100t 정도로 추정되니 상상할 수도 없는 몸무게의 차이다.

철화구야와 종이신도의 싸움 양상은 정면으로 부딪쳤을 경

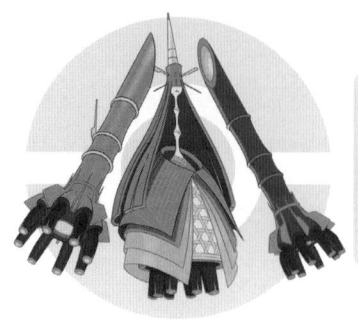

우를 생각하면 아주 잘 알 수 있다. 예를 들어, 두 포켓몬이 시속 100km로 정면 충돌했다고 가정하자. 이때 양쪽의 속도 차이가 충돌 전후로 변하지 않는 '완전탄성충돌'을 했다면, 철화구야는 시속 99.96km로 속도를 낮추기만 해도 그대로 계속 앞으로 나간다. 하지만 종이신도는 반대 방향으로 시속 299.96km로 튕겨 날려가 버린다! 승부는 격돌하는 순간에 결정이 나겠지.

◎ 철탑을 잘라 버린다고!?

하지만 이 싸움의 시뮬레이션을 요청한 이들은 '종이신도는 온몸이 칼날처럼 되어 있는 포켓몬'이라고 주장한다. 포켓몬 도감을 조사해 보니, 정말로 '거대한 철탑을 단번에 베어 버리는 모습이 목격된 비스트의 일종' 문 이라는 내용이 있다. 무서운 이야기다.

예를 들어, 고압 송전선(50만V)을 지탱하는 철탑은 높이 70~90m, 무게 200~300t이다. 철화구야의 몸무게가 999.9kg이면

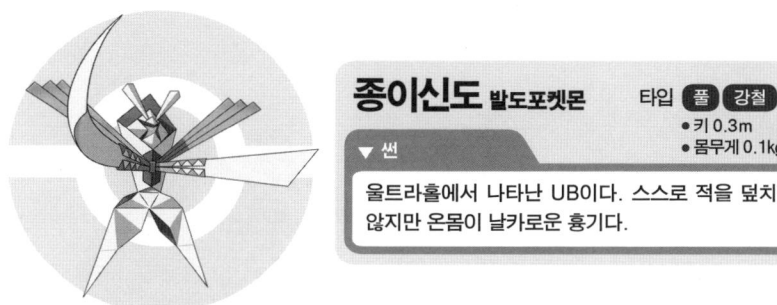

종이신도 발도포켓몬
타입 풀 강철
● 키 0.3m
● 몸무게 0.1kg

▼ 썬

울트라홀에서 나타난 UB이다. 스스로 적을 덮치진 않지만 온몸이 날카로운 흉기다.

거의 1t이므로 철화구야보다 철탑이 200~300배나 더 무겁다. 만약 종이신도가 이런 철탑을 자를 수 있다면 철화구야가 위험할지도 모른다.

물론 고압 철탑은 네 개의 다리도, 그 윗부분도 모두 여러 개의 철골로 만들어진 데다가, 밑면의 한 변이 10m 정도 된다. 종이신도의 팔이 아무리 예리한 칼이라고 해도 키 0.3m라는 체격을 고려할 때 단칼에 베기는 어려울 것 같다. 그런데도 '단번에 베어 버린다'고 하니 눈에 보이지 않는 속도로 날아다니며 철골을 차례차례 베어 나가는 건지, 아니면 불가사의한 힘으로 멀리 떨어진 것도 베어 버리는 건지……. 어차피 추측이긴 하지만 울트라비스트니까 무엇을 해도 이상하지 않을 것 같다.

◉ 모든 금속이 녹아 버린다!

그러나 철화구야 또한 울트라비스트다. 종이신도에게 간단히 두

동강이 나거나 하지는 않겠지. 포켓몬 도감에는 '고속으로 하늘을 날고'썬, '2개의 팔에서 가스를 뿜어내어 숲을 불태워 버린다'문 고 하니, 이 내용도 무시무시하다!

철화구야는 쏴올리기포켓몬인데, 두 팔과 몸의 아래쪽에는 로켓 분사구 같은 것이 달려 있다. 두 개의 팔에서 고온고압 가스를 내뿜으면 로켓처럼 우주까지 날아갈 수 있을지도…….

그렇다면 큰일이다. 현실 세계의 로켓 엔진에서 내뿜는 가스의 온도는 무려 3,000℃다. 숲을 태우는 정도야 식은 죽 먹기고, 대부분의 금속도 녹이는 온도다. 3,000℃로 녹일 수 없는 금속은 텅스텐(3,407℃에서 녹는다), 레늄(3,180℃), 오스뮴(3,045℃)뿐이다! 그렇다면 왜 스테인리스(철합금)로 만든 로켓 엔진은 녹지 않을까? 주위에서 냉각시켜 주기 때문이다. 흠, 제대로 연구했군.

아, 지금 로켓에 감탄할 때가 아니지. 철화구야가 팔에서 내뿜는 가스의 온도가 3,000℃라면 종이신도가 그 가스에 맞았을 때 몸이 녹아 버리지 않을까? 종이신도의 몸은 무엇으로 이루어졌을까? 설마 종이일까? 아니, 앞에서 설명했듯이 금속이라고 해도 일단은 녹겠지.

그러나 종이신도는 자신의 팔이 닿지 않는 곳까지도 두 동강 낼 수 있는 가능성이 있다. 그렇다면 이 싸움은 '종이신도가 어디까지 접근해야 철화구야를 단번에 베어 버릴 수 있는가'에 달렸다.

다가가서 예리한 날을 휘두르려는 종이신도에게 호락호락 넘어가지 않겠다며 가스를 발사하는 철화구야. 두 마리 모두 쉽게 당하지는 않겠지만 주위의 모든 것들이 산산조각이 나고, 녹아 버리거나 타오를 테니 이미 엄청난 민폐다. 울트라비스트끼리의 싸움은 역시 힘들다.

엠페르트 VS 장크로다일

날카로운 날개를 가진 엠페르트와 강력한 큰 턱을 가진 장크로다일. 승패를 가르는 것은?

팽도리의 작은 부리와 동그란 눈동자는 정말 귀엽다. '걷는 것이 서툴러서 넘어질 때도 있지만 프라이드가 높은 팽도리는 신경 쓰지 않고 당당하게 가슴을 편다' 블랙2 화이트2 는 설명처럼 지기 싫어하는 성격도 꽤 멋지다.

리아코도 두 발로 걷는 모습이 사랑스럽고 커다란 눈이 인

상적인 포켓몬이다. '작아도 성격은 아주 거칠다. 눈앞에서 움직이는 것이 있으면 무조건 물어 버린다' 파이어레드 고 하므로 조심할 필요는 있지만, 꼬마들은 그 정도의 활기는 있어야 하니까 좋아 좋아.

그렇게 흐뭇하게 바라보고 있자니…… 앗, 어느 사이에 팽도리가 팽태자를 거쳐 엠페르트로 진화해, '프라이드를 건드리는 자는 유빙까지도 절단하는 날개로 두 동강을 낸다.' 블랙2 화이트2 헉, 프라이드가 높은 건 여전히 변하지 않았는데, 뭔가 엄청난 무사가 된 듯한 분위기다!

상대인 리아코도 엘리게이를 거쳐 장크로다일로 진화하면, '크고 힘센 턱으로 한번 물면 그대로 목을 흔들어 상대를 갈기갈기 찢는다.' Y 으악~ 어느새 이렇게 무자비한 포켓몬으로 진화했지?

게다가 엠페르트는 제트스키에 맞먹는 속도를 자랑하고, 장크로다일도 굉장한 속도로 돌진한다고 한다. 둘 다 귀여운 포켓몬에서 놀라운 무기를 가진 녀석들로 진화했고, 엄청난 속도를 몸에 익히게 되었다. 이런 부분이 진화하는 포켓몬의 재미있는 점이자 무서운 점이기도 하다.

그런 두 마리가 싸우면 어떻게 될까? 원래는 귀여움을 자랑했던 엠페르트와 장크로다일. 이 두 포켓몬이 펼치는 대결을 상상해 보자.

엠페르트 황제포켓몬　타입 물 강철
● 키 1.7m
● 몸무게 84.5kg

▼ 오메가루비

제트스키와 맞먹는 속도로 헤엄친다. 날개 가장자리는 날카롭게 유빙을 절단한다.

◎ 유빙을 자르는 것이 가능할까?

 엠페르트는 '제트스키와 맞먹는 속도로 헤엄친다. 날개 가장자리는 날카롭게 유빙을 절단한다' 오메가루비 고 한다. 엠페르트의 강력함을 생각할 때 무척 중요한 정보다. 제트스키는 레저용 배로 최고 시속 100km까지 속도를 낼 수 있다.

 과학적으로 흥미로운 사실은 유빙을 절단한다는 것이다. 날개가 날카롭고 시속이 100km쯤 되면 가능한 일일까? 얼음처럼 단단하지만 부서지기 쉬운 것에 날이 있는 연장으로 충격을 주면, 잘리는 게 아니라 깨져 버릴 것 같은데…….

 사실 얼음은 식칼로도 자를 수 있다. 밀폐 용기에 얼린 평평한 얼음을 도마에 놓고, 목장갑을 낀 손으로 식칼을 쥐고 위에서부터 가볍게 탕 치면, 곧바로 갈라지며 깨끗한 절단면이 생긴다(매우 위험하니 어린이 혼자 실험하면 안 된다!). 식칼이 얼음을 조금이라도 파고들면 좌우로 서로 밀어내는 힘이 작용하기 때문이다. 얼

장크로다일 큰턱포켓몬 타입 물
● 키 2.3m
● 몸무게 88.8kg

▼ 오메가루비

큰 입을 열고 상대를 위협한다. 강인한 뒷다리로 땅을 차고 굉장한 스피드로 돌진해온다.

음은 양쪽에서 끌어당기는 힘이나 안쪽에서 밀어내는 힘에 매우 약하기 때문에 가볍게 치기만 해도 간단히 두 쪽으로 나뉜다.

엠페르트가 같은 원리로 유빙을 절단한다면 그 날개는 적어도 식칼만큼 날카롭겠지? 몸무게 84.5kg인 포켓몬이 그런 날개를 좌우로 펼치고 시속 100km로 돌진한다면!? 장크로다일에게도 상당한 위협일 것이다.

◎ 관성의 법칙을 활용한다!

앞에서 말했듯 장크로다일은 큰 턱으로 사냥감을 물고 목을 흔들어 갈기갈기 찢는다고 한다. 여기서 중요한 것이 바로 관성의 법칙이다. 움직이는 물체는 같은 속도로 곧장 가려고 하고, 멈춰 있는 물체는 그대로 멈춰 있으려고 한다.

이 법칙을 활용한 것이 장크로다일의 목을 흔드는 공격이다. 사냥감을 문 장크로다일이 움직임을 멈추고 목을 오른쪽으로 흔들면, 사냥감의 몸은 그대로 멈춰 있으려고 하므로 이빨이 깊숙이 박힌다. 그리고 오른쪽으로 흔든 목을 왼쪽으로 흔들면, 사냥감은 그대로 오른쪽으로 움직이려고 하므로 이빨이 더 깊숙이 박힌다.

자연계의 악어도 대부분 그런 식으로 사냥감에 치명상을 입히는데, 특히 나일악어는 자기 몸을 나사처럼 회전시키며 사냥감의 살점을 물어뜯는다고 한다. 장크로다일의 위력도 나일악어보다 강하면 강하지 못하지는 않을 것이다. 상상만 해도 무서운 일이다.

◉ 칼날잡기 기술을 쓸 수 있을까!?

이 두 마리가 맞붙는다면, 어떤 대결이 펼쳐질까?

엠페르트의 날카로운 날개에 베이면 장크로다일도 큰 타격을 입겠지. 장크로다일에게 물려 목이 좌우로 흔들린다면 엠페르트도 너덜너덜해질지 모른다. 매우 긴박한 상황이다. 엠페르트는 자존심에 상처를 입히는 자를 용서하지 않는 포켓몬이고, 장크로다일도 엄청난 공격형 포켓몬이다. 정면으로 맞붙는다면 분명히 날개로 베려는 엠페르트에게 대항해서 장크로다일은 큰 턱으로 그 날개를 물어뜯으려고 하겠지!

둘 다 빠른 속도를 자랑하는 만큼 여기서는 두 마리가 시속 100km로 돌진한다고 가정하자. 엠페르트의 날개가 장크로다일에게 다가온다! 장크로다일의 쩍 벌린 입도 엠페르트에게 다가온다!

승부는 다음 순간 결정된다. 엠페르트의 날개가 장크로다일의 입과 어금니에 닿은 순간, 장크로다일이 입을 다물어 큰 턱으로 칼날잡기 기술을 쓴다면……? 도감의 그림으로 계산하면 장크로다일의 입의 앞뒤 길이는 50cm 정도다. 둘 다 시속 100km로 부딪쳤을 때, 날개와 큰 턱이 교차하는 시간은 0.009초뿐이다!

이 순간에 장크로다일이 입을 다물면, 엠페르트는 붙들린다. 그리고 장크로다일이 목을 좌우로 흔들면 엠페르트가 갈기갈기 찢어지겠지. 단, 장크로다일에게는 절묘한 타이밍이 요구된다. 입을 다무는 타이밍이 조금이라도 빠르거나 늦으면 장크로다일의 머리 부분은 엠페르트의 날카로운 날개에 잘려 두 동강으로……!

아, 상상만으로도 심장이 멎을 것 같다. 강력한 무기와 속도를 갖춘 포켓몬끼리의 싸움은 이렇게 무시무시한 상황으로 치닫는군. 아아, 팽도리와 리아코 시절의 평화롭던 날들이 그립구나…….

| 단데기 VS 딱충이 |

둘 다 번데기포켓몬인 단데기와 딱충이. 애초에 싸움이 가능할까?

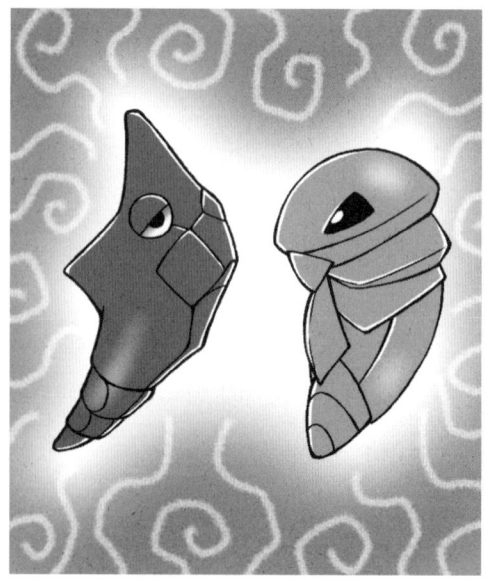

으음, 지루하다. 이 책에서도 손꼽을 만큼 지루한 대결이다. 둘 다 번데기포켓몬이고, 거의 움직이지 않으니 어쩔 수 없지.

캐터피에서 버터플로 진화하는 중간 상태가 단데기다. 움직일 수 없는 건 아니지만, 속에 든 것이 흘러나오지 않게 하기 위해 가능한 한 움직이지 않고, 강철처럼 딱딱한 껍질로 오로지 방어만 하고 있다.

딱충이는 뿔충이에서 독침붕으로 진화하는 중간 상태다. 뿔충이는 머리에 강력한 독침이 달려 있고 독침붕도 양팔과 엉덩이에 총 세 개의 독침이 있지만, 딱충이 시절에는 적이 공격할 것 같으면 몸을 딱딱하게 만들거나 독침을 뿜을 뿐, 공격력은 거의 없는 듯하다.

이 두 마리가 싸우면 어떻게 될까? 싸움이 가능하기는 할까?

◉ 흐물흐물해서 싸울 수가 없어!

자연계의 곤충은 유충과 성충의 역할이 완전히 다르다.

애벌레인 유충이 할 일은 오로지 먹고 자라는 것이다. 그래서 행동 범위가 좁으며, 몸 대부분은 소화기관이 차지한다. 다 자란 성충의 역할은 이성을 찾아 교미하여 알을 낳는 것이다. 그러려면 넓은 범위를 돌아다녀야 하므로 대부분 곤충에게는 날개가 있다.

이 역할의 차이는 인간을 포함한 다른 동물도 마찬가지지만, 곤충의 경우는 특히 더 엄격하다. 그렇기 때문에 자라면서 모습이 바뀌는 '변태'가 필요한데, 다음의 유형이 있다.

- 무변태 : 성충이 될 때까지 모습을 바꾸지 않고 커지기만 한다. (좀벌레, 톡토기 등)

- 불완전변태 : 유충이 조금씩 모습을 바꿔 바로 성충이 된다.
  (메뚜기, 매미, 잠자리, 바퀴벌레 등)
- 완전변태 : 유충 → 번데기 → 성충의 과정을 거친다.
  (나비, 벌, 장수풍뎅이 등)

놀라운 것은 완전변태를 하는 곤충의 번데기 시기인데, 신경이나 호흡기 등 유충과 성충 모두에게 필요한 부분 말고는 전부 흐물흐물 녹아서 몸을 재구성한다. 그래서 거의 움직일 수가 없다.

단데기도 딱충이도 변태가 아니라 진화하는 과정이지만, 만약 자연계 곤충의 번데기와 같은 상태가 된다고 하면 당연히 움직일 수 없다. 실제로 단데기에 대해 '껍질 안은 걸쭉한 액체다. 진화를 대비하여 몸 전체의 세포를 재구성하고 있다' 울트라썬 고 하니, 더더욱 번데기와 같은 상태다. 그리고 '껍질이 단단해지기 전에 강한 충격을 받으면 속이 나와 버리니 주의' Y , '거의 움직이지 않는

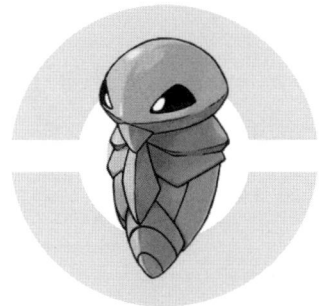

딱충이 번데기포켓몬　　타입 벌레 독
▼ 오메가루비 · 알파사파이어
● 키 0.6m
● 몸무게 10.0kg

거의 움직이지 않고 나무에 매달려 있지만 내부는 진화 준비로 굉장히 바쁜 상태다. 그 증거로 몸이 뜨거워져 있다.

것은 무심코 내용물이 흘러나오게 하지 않기 위해서' 쓴 등, 포켓몬 도감에도 내용물이 흘러나올까 봐 걱정하는 내용이 많다.

◉ 성충이 되면 무거워진다고?

자연계의 곤충은 유충, 번데기, 성충의 역할 차이가 몸무게에서도 나타난다.

《곤충의 몸무게를 재 볼까?》라는 책에 의하면, 배추흰나비 유충의 몸무게는 0.8g, 성충은 0.1g이다. 인간과는 정반대로 어른이 되면 몸무게가 아이일 때보다 $\frac{1}{8}$로 줄어든다. 검정날개잎벌도 유충이 0.16g, 성충이 0.02g으로 역시 $\frac{1}{8}$이다. 장수풍뎅이도 유충 30g, 번데기 20g, 성충 10g으로 몸무게가 점점 줄어든다.

번데기 시기에는 먹이를 전혀 먹을 수 없으므로 몸무게가 줄어드는 것이 당연하다. 그리고 성충은 날아다니므로 몸무게가 가벼운 편이 유리하다. 누에나방처럼 번데기 시기는 물론 성충이 되어서도 아무것도 먹지 않는 곤충도 있다. 누에나방 성충은 아예 입이 없다. 대신 번데기 이후의 영양분까지 유충 시기에 전부 섭취한다.

이 점에서 단데기와 딱충이는 어떨까. 진화 전후를 합쳐 몸무게를 표시하면 다음과 같다.

캐터피 2.9kg → 단데기 9.9kg → 버터플 32kg

뿔충이 3.2kg → 딱충이 10kg → 독침붕 29.5kg

오, 순조롭게 몸무게가 늘어난다! 포켓몬의 경우는 변태가 아니라 진화니까 현실 세계의 곤충과는 크게 다르겠지.

◎ 너무 지루한 이 싸움의 결과는!?

그럼, 단데기와 딱충이가 싸우면 과연 어떻게 될까?

아무 일도 일어나지 않겠지. 둘 다 거의 움직일 수가 없으니까. 단단한 껍질이나 독침은 있지만, 방어 VS 방어일 뿐이다. 포켓몬 도감도 단데기에 대해 '단단하다고는 해도 벌레의 껍질. 갈라질 수도 있으므로 격렬한 싸움은 금물' 문 이라고 너무나 솔직하게 얘기한다. 그렇다면 이 싸움은 시간이 지나면 어떻게 될까? 단데기는 버터플로, 딱충이는 독침붕으로 진화하니까 승부는 누가 먼저 진화하는가에 따라 결정될까……?

포켓몬의 진화 기간과 자연계 곤충이 번데기에서 성충이 될 때

까지의 시간은 관련이 없어 보이지만, 어디까지나 참고를 위해 번데기 기간을 조사해 보았다. 따뜻한 시기라면 배추벌레가 8~10일, 꿀벌이 12일이다.

만약 배추벌레가 단데기, 꿀벌이 딱충이의 기간과 같다면 단데기가 먼저 버터플로 진화해서 싸움에서 유리해진다…… 고 단정할 수 없겠지만, 먼저 진화한 쪽이 이기는 것은 틀림없지 않을까.

질뻐기 VS 스이쿤

물을 탁하게 만드는 질뻐기와
물을 맑게 만드는 스이쿤.
완전 다른 두 마리의 정면 승부!

《상상초월 포켓몬 과학 연구소 ④》를 '포켓몬끼리의 대결을 과학적으로 생각해 본다'는 주제로 기획했을 때, 꼭 다루고 싶다고 생각한 싸움이 질뻐기 VS 스이쿤이었다!

질뻐기는 물을 탁하게 한다. '몸에서 배어 나오는 체액은 코를 찌를 정도로 강렬한 냄새를 뿜는다. 한 방울로 수영장의 물이 탁해지고 냄새가 난다' 오메가루비 고 하니 물을 오염시키는 능력이 무시무시하다!

한편, 스이쿤은 물을 깨끗하게 정화한다. 포켓몬 도감은 '순식간에 더럽고 탁한 물도 깨끗하게 하는 힘을 가졌다. 북풍이 다시 태어난 것이라고 한다' Y 고 설명한다.

그야말로 대조적인 두 마리의 포켓몬이 싸우면 누가 이길까?

◉ 댐의 물도 탁하게 만들어 버린다!

한 방울로 수영장의 물이 탁해진다니! 얼마만큼의 오염력일까?

직접 실험해 보았다. 접시저울의 왼쪽 접시에 1g의 추를 놓고 오른쪽 접시에 스포이트로 물방울을 떨어뜨린다. 한 방울, 두 방울…… 신중하게 떨어뜨린 결과, 20방울이 되자 저울이 수평이 되었다. 이 결과로 1g ÷ 20 = 0.05g. 즉, 물 한 방울의 무게가 0.05g이라는 사실을 알았다.

한 방울로 수영장의 물을 탁하게 만든다는데, 애당초 수영장에는 얼마만큼의 물이 들어갈까. 여기서는 길이 25m, 너비 12m, 깊이는 얕은 쪽 1.2m, 깊은 쪽 1.5m인 수영장을 예로 들어 보겠다. 이를 바탕으로 계산하면 수영장 물의 부피는 405m³다. 물 1m³의 무게는 1t이므로 수영장의 물은 대략 400t이다.

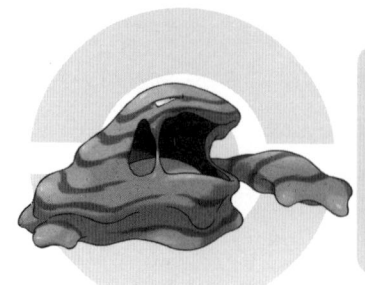

질뻐기 진흙포켓몬

▼ 오메가루비

타입 **독**
- 키 1.2m
- 몸무게 30.0kg

몸에서 배어 나오는 체액은 코를 찌를 정도로 강렬한 냄새를 뿜는다. 한 방울로 수영장의 물이 탁해지고 냄새가 난다.

단위를 통일하자면 400t = 4억g이다. 즉, 질뻐기는 0.05g의 체액으로 4억g의 물을 탁하게 할 수 있다는 뜻이다. 80억 배의 물을 탁하게 만드는 오염력이다!

이것 참, 무섭다. 질뻐기의 체액은 $\frac{1}{80억}$로 희석해도 탁한 것이 눈에 보인다니. 현재 우리나라 환경부의 수질환경기준에서 물속의 농도가 이것보다 엄격하게 제한되는 것은 '검출되지 않을 것'이 조건인 시안(CN), 수은(Hg), 유기인과 폴리염화바이페닐(PCB)밖에 없다.

이런 질뻐기의 체액이 자연계에 유출되면 큰일이다. 만약 질뻐기가 자기 몸무게와 같은 양의 체액을 분비하면 30kg × 80억 = 2억 4,000만t의 물이 탁해진다. 비교하자면, 한강이 시작되는 곳에 위치한 팔당댐의 최대 저수량이 약 2억 4,400만t이다. 질뻐기가 현실 세계의 팔당댐에 빠질 경우, 댐의 물이 완전 가득 차 있지 않은 한 전체가 순식간에 오염되어 버릴 것이다. 으악!

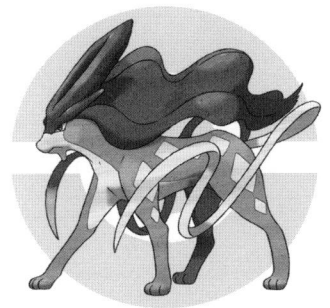

스이쿤 오로라포켓몬 　타입 물
▼ 오메가루비·알파사파이어
● 키 2.0m
● 몸무게 187.0kg

솟아나는 물의 부드러움이 깃들어 있는 포켓몬이다. 흐르는 듯한 몸놀림으로 대지를 달려 탁해진 물을 맑게 하는 힘을 지녔다.

◉ 스이쿤의 정화 능력이란?

굉장한 오염력이다. 질뻐기의 체액에는 무엇이 들어 있을까.

물이 오염되는 원인은 ①진흙, ②중금속(수은, 카드뮴, 납 등), ③인공적 화학 물질(PCB, 다이옥신, 인 화합물 등), ④생물에서 생겨난 유기물(낙엽이나 마른 나뭇가지, 배설물과 시체 등) 이렇게 네 가지로 나뉜다. 이것들이 섞여 바다, 강, 호수 아래에 가라앉은 것이 하수 침전물 찌꺼기(오염 물질이 섞인 진흙)다.

앞에서 설명한 대로 질뻐기의 체액은 코를 찌를 정도로 지독한 냄새를 풍긴다. 위의 네 가지 오염 물질 중 악취를 풍기는 것은 유기물이다. 유기물은 세균에 의해 분해되는데 세균에는 산소를 좋아하는 호기성 세균과 산소를 싫어하는 혐기성 세균이 있다. 혐기성 세균이 유기물을 분해하면, 암모니아와 황화수소 등 맹렬한 악취를 풍기는 유해 물질이 만들어진다.

이렇게 생각하면, 질뻐기의 체액에는 유기물과 혐기성 세균이 포함되어 있다고 추정된다. 그럴 경우, 스이쿤은 어떻게 대항할까?

스이쿤의 정화 능력에 대해서는 《상상초월 포켓몬 과학 연구소 ③》에서도 다루었지만, 과학적으로는 꽤 어려운 부분이라 살짝 억지스럽게 '스이쿤이 더러워진 물에 북풍을 불어넣으면 공기에 들어 있는 산소 덕분에 호기성 세균이 건강해지지 않을까'라고 생각했다. 호기성 세균이 유기물을 분해하면 물과 이산화탄소처럼 냄새가 없는 무해한 물질로 바뀐다. 즉, 물이 깨끗해진다.

여기서도 같은 방식으로 생각하면, 질뻐기와 스이쿤의 대결이 벌어지면 유기물을 둘러싸고 혐기성 세균과 호기성 세균에 의한 대리전쟁이 발발하는 것이다. 자, 그럼 이기는 자는 누구일까!?

◎ 질뻐기 VS 스이쿤의 싸움!

댐으로 뛰어들어 물을 탁하게 하는 질뻐기. 혐기성 세균이 유기물에서 암모니아와 황화수소를 만들고, 점점 늘어나기 시작한다. 한편, 스이쿤은 댐에 북풍을 불어넣는다. 동시에 북풍에 포함된 산소는 혐기성 세균의 활동을 둔하게 만들겠지.

승패의 핵심은 현실 세계의 호기성 세균이 혐기성 세균보다 늘어나는 속도가 압도적으로 빠르다는 점이다. 만약 포켓몬 세계에서도 마찬가지라면 오랜 공격과 방어 끝에 호기성 세균이 이길 것

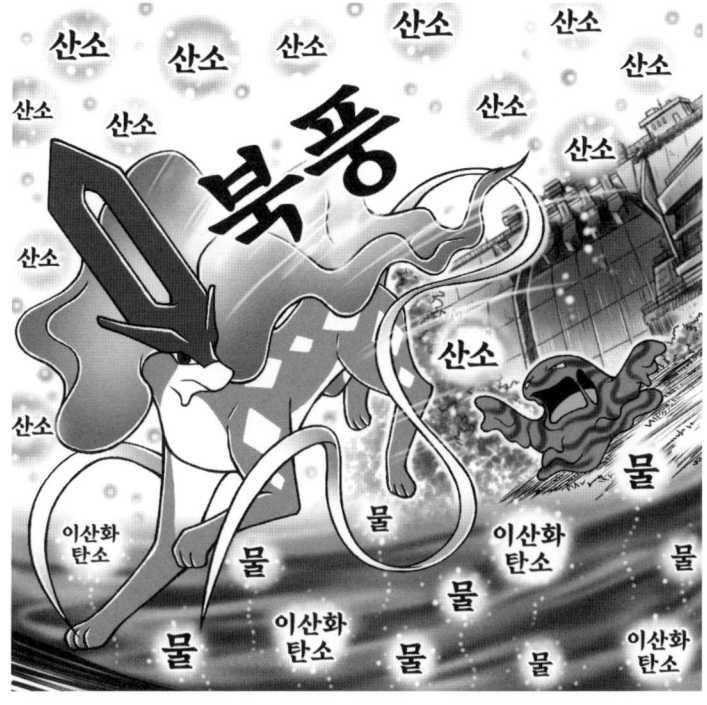

이 분명하다. 이렇게 대리전쟁이 끝나면 포켓몬 대결도 스이쿤의 승리로 마무리된다!

　오해가 없도록 덧붙이자면, 혐기성 세균 중에는 치즈를 만드는 뷰티르산균처럼 도움이 되는 것도 있다. 혐기성 세균이 만드는 암모니아와 황화수소도 자연에서 중요한 역할을 하므로 질뻐기도 아마 마찬가지겠지. 그러니 '없어도 되는 생물'이란 없다는 사실을 잊지 말고, 지금은 스이쿤의 승리를 기뻐하도록 하자.

| 야돈 VS 게을로 |

무엇을 하고 있었는지 잊어 버리는 야돈과 잠만 자는 게을로. 가장 기운 없는 포켓몬은 과연 누구?

이 책에서는 다양한 포켓몬의 대결을 시뮬레이션해 보지만, 제일 기운 없는 포켓몬의 대결은 야돈 VS 게을로가 아닐까? 아니, 애초에 이 두 마리가 대결을 한다는 것 자체가 가능할까?

포켓몬 도감에 따르면 야돈은 '꼬리를 강에 넣고 먹이를 낚지만 이윽고 무엇을 하고 있었는지 잊고 강변에 엎드려 누운 채로 하루를 보낸다.' 오메가루비 알파사파이어 허허, 긴장감이라고는 전혀 없군.

게을로는 '하루 동안 대부분의 시간을 누워 뒹굴며 보낸다. 그 모습을 보고 있으면 졸음이 밀려온다.' 블랙 화이트 우하하하, 보고 있는 사람이 졸릴 정도라니 정말 놀라운 게으름이다.

이런 상태인 두 마리가 싸우면 대체 누가 이길까. 아니, 과연 제대로 싸우기나 할까, 야돈과 게을로가……?

◎ 뭐가 '특기'라는 걸까?

이렇게 막막한 심정으로 대결을 다루는 일도 드물지만 일단 야돈의 무기력함…… 이 아니라, 능력에 대해 생각해 보자. 대결이니만큼 무엇이 무기가 될지 찾아야 한다.

'항상 멍하니 있으므로 무슨 생각을 하고 있는지 알 수 없다. 꼬리로 먹이를 낚는 것이 특기다.' X 오, 특기는 꼬리로 먹이 낚기. 대결에 도움이 될지 안 될지는 모르지만 적어도 잘하는 것이 있다니 다행이다.

하지만 '물가에서 멍하니 있다. 뭔가가 꼬리를 깨물어도 하루 종일 눈치채지 못한다.' Y 앗, 이건 좀 별로인데!?

더구나 앞서 설명했듯이, 무엇을 하고 있었는지 잊고 강변에 엎

야돈 얼간이포켓몬
▼ 오메가루비·알파사파이어
타입 물 에스퍼
● 키 1.2m
● 몸무게 36.0kg
꼬리를 강에 넣고 먹이를 낚지만 이윽고 무엇을 하고 있었는지 잊고 강변에 엎드려 누운 채로 하루를 보낸다.

드려 누운 채로 하루를 보낸다면, 야돈이 꼬리로 먹이를 낚는 것은 도저히 특기라고 할 만한 수준이 아닌 것 같은데…….

  자연계에도 몸의 일부를 사용해서 먹이를 잡는 동물이 있다. 예를 들면, 아귀는 앞쪽에 길게 늘어뜨린 등지느러미의 일부를 살랑살랑 움직인다. 그중에서도 특히 초롱아귀는 등지느러미 끝을 반짝거린다. 다른 생물에게는 그것이 먹이처럼 보이기 때문에 먹으려고 다가오면, 아귀는 커다란 입으로 근처의 물까지 통째로 빨아들인다. 악어거북도 강 아래에서 입을 벌리고 빨간 혀끝을 날름날름 움직인다. 물고기가 그것을 먹이라고 생각하고 입속으로 들어오는 순간 덥석! 삼킨다. 흠, 정말 여러 가지 방법들을 쓰는군.

  이런 동물들과 비교하면 야돈은 어떨까.

  사실 야돈의 꼬리 끝에서는 단맛이 배어 나온다고 한다. '영양분은 없지만 물고 있으면 행복한 기분이 든다'고 하니 물고기도 깨물지 모른다. 그런데 자연계에서는 아귀도 악어거북도 등지느

게을로 게으름뱅이포켓몬 타입 노말
● 키 0.8m
● 몸무게 24.0kg

▼ 블랙·화이트
하루 동안 대부분의 시간을 누워 뒹굴며 지낸다. 그 모습을 보고 있으면 졸음이 밀려온다.

러미 끝이나 혀를 사냥감에게 먹히도록 절대 내버려 두지 않는다. 그전에 상대를 잡아먹는다.

하지만 야돈의 꼬리는 정말로 다른 생물들에게 물려 버린다. 괜찮은 걸까?

포켓몬 도감을 보면 '둔감하므로 꼬리를 물려도 아프지 않다' 블랙2 화이트2 고 한다. 응?

'긴 꼬리는 잘 잘린다. 특별히 아픔도 느끼지 않고 바로 자라기 때문에 신경 쓰지 않는다.' 썬 으응?

'주변에 자연스럽게 떨어져 있는 꼬리는 손쉽게 얻을 수 있는 귀중한 식재료 중 하나였다.' 울트라문 으으응?

그런 꼬리로 대체 무슨 낚시를 한다고!

◎ 나무늘보라는 동물

조사하면 할수록 힘만 계속 빠지는 야돈. 그럼 게을로는 어떨까.

이 포켓몬도 진짜 느긋하다. '하루에 20시간 이상을 잠자고 있다. 거의 몸을 움직이지 않아서 잎사귀를 3개 먹으면 하루 식사가 끝난다.' 오메가루비

아무리 몸을 움직이지 않는다고 해도 하루 식사가 고작 잎사귀 세 장이라니 역시나 놀랍다.

하지만 사실 자연계의 나무늘보도 하루에 8g 정도의 나뭇잎밖에 먹지 않는다. 그 이유는 나무늘보가 포유류로는 드물게 몸속에서 열을 만들어 내지 못하는 '변온동물'이기 때문이다.

열을 만들려면 에너지가 필요하기 때문에 체온을 항상 일정하게 유지하려는 '항온동물'은 몸무게가 같은 변온동물보다 10~15배 더 먹는다. 체온을 조절하기 위해서는 에너지가 필요하기 때문이다. 거북이나 이구아나도 놀랄 정도로 조금만 먹는데, 이유는 역시 변온동물이기 때문이다.

나무늘보도 게을로와 마찬가지로 하루에 20시간씩 잔다. 왜냐하면, 나무늘보가 주로 먹는 먹이가 독이 있는 세크로피아라는 식물의 잎사귀이기 때문이다. 독을 분해하려면 에너지가 필요하므로 불필요한 에너지를 쓰지 않기 위해 계속 잔다. 나무늘보가 일부러 독이 있는 잎사귀를 먹는 이유는 다른 동물들과 다투지 않기 위해서다. 마찬가지로 코알라도 독이 있는 유칼립투스 잎을 먹고 하루

에 20시간씩 잔다.

나무늘보는 다른 동물과의 싸움을 피해서 최소한의 필요한 에너지로만 살아가는 녀석이다. 자연계의 이런 예들을 보면 생물이란 정말로 다채롭고, 강하고, 매력적인 것 같다.

아무튼 위의 내용은 현실 세계의 나무늘보 이야기지만 게을로도 공통점이 많으니 역시 다른 포켓몬과의 싸움을 피하는 생물일지도 모른다.

그렇다면, 과연 싸움은 어떻게 진행될까?

⊙ 평화로운 싸움이구나······

드디어 야돈과 게을로의 대결 시뮬레이션이다. 대결 장소는 온화한 봄날, 포근하고 따뜻한 한낮의 강이다.

강에 꼬리를 넣고 있는 야돈. 이미 오랫동안 먹이를 낚시하는 중이었지만 무엇을 하고 있었는지 까맣게 잊고 그대로 드러눕는다.

그 강을 넘실넘실 유유히 헤엄치면서 게을로가 다가온다. 평소에는 거의 움직이지 않는 게을로지만 포켓몬 도감에 의하면 '일생 거처를 바꾸지 않지만 가끔은 강을 헤엄쳐서 긴 거리를 이동한다' 에메랄드 고 한다. 이런 기회가 아니면 야돈과 게을로는 만날 일도 없을 테니 마침 그때라고 가정하자.

　강을 헤엄치는 게을로에게 갑자기 어디서부터인지 모를 달콤한 향기가 풍겨 온다. 향기의 정체는 바로 야돈의 꼬리.

　게을로가 그것을 덥석 물자 왠지 모르게 행복해진다. 하루에 잎사귀 세 장 밖에 식사를 하지 않는 게을로지만 야돈의 꼬리에는 영양분이 없으니까 혹시 먹는다고 해도 영양 과다 섭취는 아니겠지.

행복하게 꼬리를 물고 있는 게을로. 물론 야돈은 눈치채지 못한다.

그때, 야돈의 꼬리가 맥없이 저절로 잘려 나간다! 하지만 둘 다 신경 쓰지 않고, 이윽고 게을로는 기슭으로 올라가 잠을 자기 시작하겠지. 그 모습을 보고 야돈도 깊은 잠에 빠진다. 그대로 하루가 저물고……. 끝!

그래서 이 평화로운 싸움에서 누가 이긴 걸까?

음, 게을로가 야돈의 꼬리를 물었으니 게을로의 판정승 정도로 해 둘까?

| 씨카이저 VS 견고라스 |

빙산을 부수는 씨카이저!
철판을 물어뜯는 견고라스!
날카로운 이빨을 가진
두 마리의 싸움은?

으음, 씨카이저와 견고라스! 둘 다 무시무시하게 셀 것 같은 포켓몬이다. 씨카이저는 바다사자나 바다코끼리와 모습이 비슷하고, 견고라스는 티라노사우루스처럼 생겼다.

그것만으로도 아주 강해 보이지만, 물론 겉모습만 무서운 것은 아니다. 둘 다 강력한 엄니가 있다!

씨카이저는 거대한 엄니가 두 개다. 포켓몬 도감에 의하면 '발달한 두 개의 이빨은 10톤이나 되는 빙산을 일격에 분쇄한다' 오메가루비 고 한다. 어이쿠, 무서운걸.

견고라스에게는 날카로운 엄니가 몇 개나 나 있다. '두꺼운 철판을 종잇장처럼 물어뜯는 커다란 턱 덕분에 고대 세계에서는 무적이었다' 오메가루비 고 한다. 으음, 진짜 무적이었을지도 모르겠군.

이렇게 되면 이 두 마리가 대결하는 모습을 꼭 보고 싶다. 씨카이저와 견고라스가 정면으로 맞붙어 그 강력한 엄니를 서로 휘두르면 어떻게 될까?

엄청나게 박력 넘치는 싸움이 될 것이 틀림없는데, 승부의 행방은 과연……!?

◎ 엄니란 무엇일까?

씨카이저의 위턱에는 두 개의 엄니가 나 있다. 씨카이저의 키가 1.4m라는 정보를 토대로 도감의 그림에 있는 엄니를 계산해 보면 지름은 6.6cm, 길이는 무려 41cm다!

견고라스의 입에는 위턱에 거대한 엄니가 여섯 개, 아래턱에는 톱처럼 생긴 이빨이 열 개 있다. 2.5m인 키와 비교해서 재 보면 견고라스의 엄니는 지름 12cm, 길이 15cm다!

씨카이저 얼음깨기포켓몬 타입 얼음 물
▼ 오메가루비
● 키 1.4m
● 몸무게 150.6kg

발달한 2개의 이빨은 10톤이나 되는 빙산을 일격에 분쇄한다. 지방이 두꺼워서 영하의 기온에서도 끄떡없다.

  길이로는 씨카이저, 굵기와 개수로는 견고라스가 우세하지만, 대결 전에 과학적으로 한번 살펴보자.

  과연 '엄니'란 무엇일까? 다른 이빨과 어떻게 다를까?

  현실 세계의 포유류는 네 종류의 이빨을 가지고 있다. 인간의 위턱(아래턱도 마찬가지)으로 설명하자면 그 개수와 원래의 역할은 다음과 같다.

- 절치(앞니) : 정면에 네 개 있다. 음식물을 깨물어 자른다.
- 견치(송곳니) : 절치 옆에 각각 한 개씩 있다.
  사냥감의 몸에 꽂아 넣는다.
- 소구치(앞어금니) : 견치 뒤에 두 개씩 있다.
  고기를 물어뜯는다.
- 대구치(뒤어금니) : 소구치 뒤에 세 개씩 있다.
  먹은 것을 갈아서 으깬다.

견고라스 폭군포켓몬   타입 바위 드래곤
● 키 2.5m
● 몸무게 270.0kg

▼ 울트라문

고대의 왕. 큰 턱은 힘이 엄청나서 자동차도 간단하게 물어뜯어 버린다.

이 역할의 차이에서 다음과 같은 경향을 알 수 있다.

육식동물은 견치와 소구치가 발달했다.
초식동물은 절치와 대구치가 발달했다.

그러나 하마나 멧돼지처럼 적을 공격하기 위해 견치가 발달된 초식동물도 있다. 그리고 인간이나 원숭이는 잡식성이므로 모든 이빨이 적당히 발달했는데, 원숭이는 수컷끼리 싸우기 때문에 견치가 특히 발달했다.

이처럼 크게 발달한 포유류의 견치를 '엄니'라고 부르며, 원래 견치였으므로 위턱과 아래턱에 두 개씩 있다(단, 코끼리의 엄니는 절치다).

그럼 악어나 공룡의 엄니는? 이들 파충류의 이빨은 모두 날카로운 원뿔 모양이다. 즉, 모든 이빨이 엄니다!

이 사실로 생각해 보면 씨카이저의 엄니는 포유류 타입이고, 위턱의 견치가 크게 발달했을 것이다. 견고라스의 엄니는 파충류 타입이므로 여섯 개나 있을 것이다.

◉ 두 포켓몬의 엄니는 얼마나 강력할까?

이제 엄니에 대해 자세히 알았으니, 두 포켓몬의 엄니가 얼마나 센지 생각해 보자.

씨카이저는 엄니로 10t의 빙산을 일격에 분쇄하고, 견고라스는 두꺼운 철판을 종잇장처럼 물어뜯는다고 한다. 과연 어느 정도의 파괴력일까?

씨카이저에 대해 포켓몬 도감은 '커다란 이빨로 유빙을 부수면서 바다를 헤엄친다' 알파사파이어 고 설명한다.

과학적으로 매우 납득이 가는 행동이다. 빙산의 90%는 해수면 아래에 있다. '빙산의 일각'이라는 말처럼 해수면에서 얼굴을 내민 빙산은 겨우 10%다. 씨카이저가 빙산을 부수려면 물속에 잠수해서 해수면 아래부터 엄니를 휘둘러야 한다.

씨카이저의 몸무게는 150.6kg이므로 몸을 부딪쳐서 10t의 얼음을 부수려면 아무리 느려도 시속 130km의 속도가 필요하다. 단, 어디까지나 최저한의 속도다. 시속 130km로 헤엄치던 씨카이저가 엄니를 박으면, 얼음은 부서지겠지만 자기 자신도 엄청난 충격을 받고 멈추게 된다. 그 결과 씨카이저 스스로도 다칠 가능성이 있으니 매우 위험하다.

나의 상상으로 씨카이저는 거대하고 날카로운 엄니로 얼음을 깨부순 후 거의 속도를 늦추지 않고 헤엄칠 수 있을 것 같다. 얼음에 부딪쳤을 때 헤엄치는 속도를 10%만 늦춘다고 가정하고 계산하면, 부딪치기 직전의 속도는 무려 시속 300km다! 그럼 견고라스에게도 충분히 위협이 될 만하다.

그렇다면 견고라스의 엄니가 지닌 위력은 얼마나 될까? '두꺼운 철판을 종잇장처럼 물어뜯는다'고 하는데, 철판의 두께를 10cm라고 가정하자. 물체를 물어뜯으려면 엄니를 내리꽂아야 한다.

견고라스가 지름 12cm, 길이 15cm인 여섯 개의 엄니를 철판 두께 10cm까지 내리꽂으면 어떻게 될까? 계산해 보니, 견고라스가 무는 힘은 28,200t이다! 으악, 이런 엄니에 물린다면……. 상상만 해도 끔찍하다.

◎ 싸움의 행방을 결정하는 것은?

놀라운 실력의 두 포켓몬! 그렇다면 싸움은 어떻게 될까? 싸움의 무대가 어디인지에 따라 크게 달라질 것 같다.

견고라스는 '고대의 왕'이었다고 하며, 그 생김새로 짐작해 봐도 활동 무대는 분명 주로 땅 위였을 것이다. 만약 물속에서 싸우면 아무리 견고라스라고 해도 시속 300km라는 맹렬한 속도로 돌진하는 씨카이저에게 당해낼 수 없겠지. 10t이나 되는 빙산을 부수는 엄니로 공격하면 몸무게가 270kg인 견고라스는 조금도 버틸

수 없다!

반대로 땅 위에서 싸우면 씨카이저가 특기인 속도를 발휘하지 못해 견고라스의 강한 엄니에 희생되지 않을까? 씨카이저도 거대한 엄니로 어느 정도의 방어는 할 수 있을지도 모른다. 하지만 견고라스가 등 뒤로 돌아가서 공격하면 씨카이저는 몸을 지킬 방법이 없다. 28,200t이라는 무시무시한 힘을 가진 큰 턱이 씨카이저의 몸에 치명상을 입힐 것이 확실하니까.

따라서 두 마리의 승부는 싸움의 무대를 어디로 할 것인지에 모든 것이 달렸다. 바다의 씨카이저와 땅의 견고라스. 상대를 자신의 홈그라운드로 끌어들이기 위해 바닷가에서 긴박하게 계속 서로 노려보겠지.

아주 잠깐이라도 방심하는 쪽의 패배다.

주뱃 VS 루카리오

손에 땀을 쥐는 정보전! 주뱃의 초음파와 루카리오의 파동 중 누구의 감지 능력이 뛰어날까?

과학적으로 매우 흥미로운 싸움이다!

주뱃은 입에서 '초음파'를 발사해서 그 반사음으로 주변 상황과 자기가 있는 곳을 알아낸다!

루카리오는 상대방에게서 나오는 '파동'을 포착해 상대의 움직임과 감정까지 읽어 낸다!

옛날부터 '적을 알고 나를 알면 백전불태'라고 했다. 고대 중

친구가 되고 싶어

헉!

100 상상초월 포켓몬 과학 연구소

국의 병법가인 손자의 말로, 적과 우리 편의 실력과 상황을 알고 있으면 백 번을 싸워도 위태롭지 않다는 뜻이다. 역사적으로도 분명 정보전이 승부의 열쇠가 된 적이 많다. 그렇게 생각하면 주뱃도 루카리오도 포켓몬 배틀에서 대단히 활약할 것 같은데, 정보전에 뛰어난 이 두 포켓몬이 진짜로 싸운다면 무척 흥미로울 것 같다.

주뱃의 초음파와 루카리오의 파동 감지! 과연 누가 더 뛰어날까?

◉ 박쥐를 예로 들어 생각하면?

주뱃은 초음파를 내보내는데, 과연 초음파란 무엇일까?

소리는 공기의 진동이 전달되는 현상으로, 1초 동안 몇 번 진동하는가를 '주파수'라고 한다. 단위는 Hz(헤르츠)로 주파수가 클수록 높은 소리가 난다.

인간의 귀에는 20~2만Hz의 소리가 들리며, 그보다 낮은 소리는 '저주파', 높은 소리는 '초음파'다. 즉, 초음파는 너무 높아서 인간에게는 들리지 않는 소리다. 하지만 초음파가 들리는 동물도 있는데 개는 6만Hz까지, 돌고래는 15만Hz까지 들을 수 있다.

주뱃의 초음파를 고려할 때 참고하고 싶은 생물은 박쥐다. 박쥐는 12만Hz까지 소리를 들을 수 있고, 입에서 3만~10만Hz의 초음파를 내보내며, 반사되는 초음파로 다음과 같은 정보를 모은다.

주뱃 박쥐포켓몬
타입 독 비행
• 키 0.8m
• 몸무게 7.5kg
▼ 블랙・화이트
입에서 나오는 초음파를 반사하는 것으로 주변의 상황이나 자신이 있는 곳을 조사하고 있다.

- 거리 : 반사되어 올 때까지의 시간이 길면 거리가 멀고, 시간이 짧으면 거리가 가깝다.
- 크기 : 반사되어 오는 소리가 크면 크기도 크고, 소리가 작으면 크기도 작다.
- 움직임 : 반사되어 오는 소리가 높으면 가까이 오고 있으며, 소리가 낮으면 멀어져 간다.

박쥐의 이러한 능력을 '반향정위(echolocation)'라고 하는데, 주파수가 클수록 크기가 작은 생물들을 찾아낼 수 있다. 이는 '크기 = 음속 ÷ 주파수'로 계산이 가능하다. 공기 중에서 음속은 초속 340m이므로, 10만Hz의 초음파를 내보내는 박쥐는 340 ÷ 10만 = 0.0034m = 3.4mm 크기의 벌레까지 찾아낼 수 있다.

주뱃도 초음파를 내보내는 이상 꽤 정밀한 반향정위가 가능하지 않을까?

루카리오 파동포켓몬

타입 격투 강철
● 키 1.2m
● 몸무게 54.0kg

▼ 오메가루비

상대가 발하는 파동을 감지하여 생각이나 움직임을 간파할 수 있다.

◎ 마음까지 읽어 버린다!

주뱃에 맞서는 루카리오는 상대방의 파동을 포착해서 움직임이나 생각을 읽어 낸다고 한다.

'파동'이란 어떤 장소에서 발생한 진동이 주위로 전해지는 현상을 말한다. 수면의 파도는 물의 위아래 진동이 전해지는 것이고, 소리는 공기의 앞뒤 진동이 전해지는 현상이다. 빛과 자외선, 전파도 전기와 자기의 진동이 공간을 따라 전달되는 현상이다. 이들은 모두 파동이다. 세상은 온통 파동으로 가득하다.

그렇다면 루카리오가 읽어 낸다는 파동은 무엇일까? 포켓몬 도감에는 '모든 물건이 내는 파동을 읽어 내어 1km 앞에 있는 상대의 마음도 이해할 수 있다' 블랙2 화이트2 고 한다. 마음까지 이해할 수 있는 파동이라면 물이나 소리, 빛의 진동은 아닐 테고……. 나의 추측으로는 뇌파가 아닐까?

뇌의 표면 여기저기에서는 전압의 변화가 일어난다. 이것을 측정한 것이 뇌파로, 잠들어 있을 때, 흥분했을 때, 차분해졌을 때, 움직일 때, 쉴 때, 볼 때, 들을 때, 말할 때…… 등 그 사람의 상태에 반응해 뇌의 여러 곳에서 다양한 뇌파가 나타난다. 뇌파에는 감정과 행동이 고스란히 나타나는 것이다. 현실 세계에서는 뇌파를 측정해 사람이 생각하는 대로 움직이는 휠체어도 개발하기 시작했다.

전압이 바뀌면 전파가 발생하므로, 뇌파도 매우 미약한 전파가 되어 주위로 퍼질 것이다. 루카리오가 정말로 파동을 포착해서 뇌파를 읽어 낸다면, 생각이나 움직임까지 읽어 낼 수 있겠지. 상대방에게는 상당히 두려운 상황이다.

◉ 운명의 3초가 승부를 결정!

그럼, 초음파의 주뱃과 파동의 루카리오가 싸우면 대체 어떻게 될까? 루카리오가 유리하지 않을까 싶긴 한데…….

주뱃이 상대의 움직임을 파악하는 데 비해, 루카리오는 상대의 마음까지 읽을 수 있다는 차이점 때문만이 아니다. 주뱃은 초음파를 내보내고 그것이 반사되어 오기를 기다려야 하지만, 루카리오는 상대가 내보내는 파동을 포착만 하면 되기 때문이다.

앞에서 설명했듯이 초음파가 전달되는 빠르기는 초속 340m다. 만약 상대방이 1km 떨어져 있다면 초음파가 도달하는 데 3초,

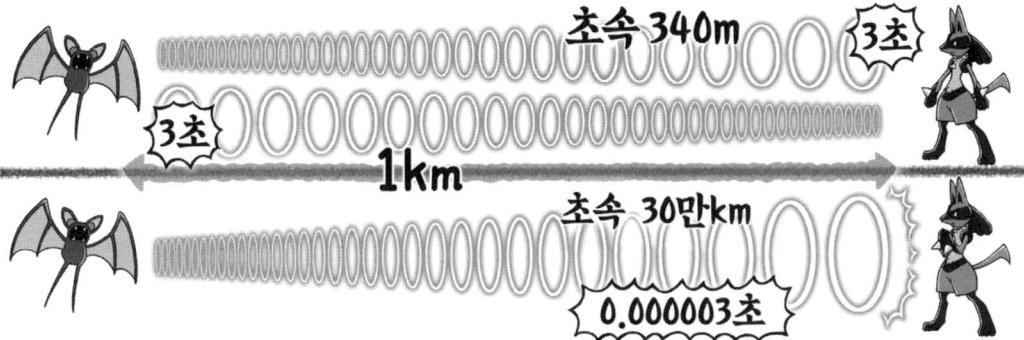

돌아오는 데 3초가 걸리므로 합이 6초다.

한편, 루카리오는 상대방이 내보내는 파동을 포착만 하면 되므로 자신에게 올 때까지의 시간이면 충분하다. 게다가 뇌파에서 나오는 전파를 포착한다면 전파는 빛과 같은 속도인 초속 30만km로 움직이니까, 1km 거리라면 0.000003초. 그야말로 순식간이다.

6초와 0.000003초. 싸움에서 이 시간 차이는 엄청 크다!

그럼 주뱃은 어떻게 하면 좋을까? 여러 가지로 생각해 본 결과, '아, 싸우기 싫은데~', '루카리오와 친구가 되고 싶은데~' 같은 거짓 마음을 품어서 루카리오가 감지하게 한 다음, 착한 루카리오가 머뭇거리는 틈을 타서 단숨에 공격…… 하면 이길 기회가 있으려나?

꽤 비겁한 방법이지만 그 정도로 하지 않으면 이길 수 없을걸!

닥트리오 VS 두트리오

세쌍둥이 닥트리오와 머리가 세 개인 두트리오의 놀라운 대결!

'구두장이 셋이 모이면 제 갈량보다 낫다'라는 속담이 있다. 평범한 사람이라도 셋이 모여 의논하면 뛰어난 한 사람의 지혜보다 낫다는 뜻이다. 음, 좋은 말이군.

이 속담을 꼭 실천했으면 하는 포켓몬이 바로 닥트리오와 두트리오다. 닥트리오는 세쌍둥이고, 두트리오는 머리가 세

개 달려 있다. 자, 지혜를 짜내 보는 거야!

그런데 조금 이상한 점이 있다. 닥트리오는 '본래 하나의 몸에서 세쌍둥이가 된 것이라 모두 생각하는 것이 같다' 오메가루비 알파사파이어 고 하며, 두트리오는 '3개의 머리는 기쁨, 슬픔, 분노의 감정을 나타낸다' Y 는 포켓몬 도감의 설명이 있는데, 보통은 그 반대 아닐까? 인간 세쌍둥이의 경우 생각까지 똑같지는 않고, 두트리오의 머리 세 개는 같은 몸에 이어져 있으니까 감정도 똑같을 것 같은데…….

이 문제를 포함해서 닥트리오와 두트리오의 싸움에 대해 생각해 보겠다.

◉ 왜 생각이 똑같을까?

우선, 인간의 경우를 참고해서 닥트리오에 관해 알아 보자.

인간의 세쌍둥이는 '일란성 세쌍둥이'와 '삼란성 세쌍둥이'가 있다. 인간은 하나의 난자와 하나의 정자가 만나 수정란이 되어 세포분열을 반복하면서 아기로 자란다. 일란성 세쌍둥이는 수정란이 최초의 세포분열을 할 때 어떤 이유로 분리되어 두 개의 수정란이 되고, 그중 하나가 다시 분리되어 총 세 개의 수정란이 세 명의 아기로 자란 것이다. 유전자가 완전히 똑같으므로 성별도 똑

닥트리오 두더지포켓몬 타입 땅
● 키 0.7m
● 몸무게 33.3kg

▼ 오메가루비·알파사파이어

본래 하나의 몸에서 세쌍둥이가 된 것이라 모두 생각하는 것이 같다. 힘을 모아 끝없이 파나간다.

같고 생김새도 매우 비슷하다.

 삼란성 세쌍둥이는 세 개의 난자와 세 개의 정자가 각각 수정하여 세 개의 수정란이 되어 아기로 자란 것이다. 유전자가 같지는 않고 형제자매 수준으로 비슷한 정도이므로 성별은 다를 수도 있다. 생김새도 한 형제자매 정도로만 비슷하다.

 이런 사실로 미루어 보면 하나의 몸에서 세쌍둥이가 된 닥트리오는 인간의 일란성 세쌍둥이와 가깝다고 생각하면 되겠지? 물론 일란성이라고는 해도 인간 세쌍둥이가 생각하는 것까지 같지는 않다. 그 이유는 인간의 성격이나 사고방식이 태어난 이후의 경험에 의해서도 크게 좌우되기 때문이다.

 하지만 포켓몬 도감에 의하면 닥트리오는 '3개의 머리가 교차하며 움직여서 아무리 딱딱한 지층이라도 지하 100km까지 파들어 간다' 블랙2 화이트2 고 한다. 교대로 같은 작업을 되풀이하다 보니 태어난 이후의 경험이 다들 똑같다!

두트리오 세쌍둥이새포켓몬　타입 노말 비행
● 키 1.8m
● 몸무게 85.2kg

▼ Y

좀처럼 발견하기 힘든 진귀한 종이다. 3개의 머리는 기쁨, 슬픔, 분노의 감정을 나타낸다.

아, 그렇다면 생각하는 것이 똑같다 해도 이상할 거야 없지.

◎ 텔레파시로 이어져 있다!?

두트리오는 어째서 머리가 세 개인 건지 매우 궁금하다. 포켓몬 도감에는 '진화할 때 두두의 머리 중 한쪽이 분열되는 희귀종' 블랙2 화이트2 이라고 쓰여 있다. 흠, 엄청나게 진화했구나.

인간의 머리는 하나지만 뇌는 둘로 나누어져 있다. 말과 생각을 담당하는 '좌뇌'와 직감이나 공간 파악에 뛰어난 '우뇌'다. 이 두 개의 뇌는 '뇌량'이라는 신경 다발로 연결되어 있어서 정보를 교환하며 협력해서 활동한다.

이런 사실들로 짐작해 보면 두트리오의 머리 세 개도 신경으로 이어져 있어서 다른 감정을 가지고 있으면서도 협력하고 있는 게 아닐까? 그렇다면 인간처럼 하나의 머릿속에 세 개의 뇌를 가진 쪽이 정보 교환도 빠를 텐데⋯⋯. 그러고 보니 포켓몬 도감의 두두

항목에 '두 머리에 각각 존재하는 뇌는 텔레파시 같은 힘으로 의사를 맞춰 나가는 듯하다' 블랙2 화이트2 는 내용이 있다. 두두가 그렇다면 두트리오도 텔레파시 같은 힘으로 빨리 정보를 교환할지도 모른다. 과연 납득이 간다.

◎ 싸움의 결과는 뻔해!

그렇다면 세 개의 뇌가 더 긴밀하게 협력하는 포켓몬은 누구일까?

두트리오는 '3개의 정보를 모아서 고도의 작전을 짠다. 가끔은 많은 생각을 해서 움직이지 못하게 될 때도 있다.' 금 정보는 많을수록 고도의 작전을 짤 수 있으니 그야말로 '구두장이 셋이 모이면 제갈량보다 낫다.' 확실히 정보가 많으면 판단을 망설이는 경우도 늘어나지만, 여차하면 다수결이라는 방법도 있지!

그에 비해 닥트리오는 '언제나 사이좋은 세쌍둥이지만 극히 드물게 어느 머리가 먼저 먹이를 먹을까로 큰 싸움을 한다.' 울트라썬 음, 늘 같은 생각을 하는 포켓몬이다 보니 셋 다 '먼저 먹고 싶어!' 하고 생각해도 이상하지 않지…….

두트리오는 '어딘가의 1개의 머리로 먹이를 먹으면 남은 머리들도 충족되어 날뛰지 않게 된다.' 은 그렇군. 두트리오의 몸에는 심

장과 폐가 세 개씩 있기 때문에 시속 60km로 장거리를 달려도 지치지 않지만 어쩌면 위는 하나밖에 없을지도 모른다. 그렇다면 분명히 어느 머리가 먹더라도 배가 부를 테니까 싸울 필요가 없겠지.

머리 세 개의 협력 체제라는 점을 생각하면 이 승부에서 이기는 쪽은 두트리오일 것 같다.

고래왕 VS 파쪼옥

가장 큰 포켓몬과 가장 작은 포켓몬! 고래왕과 파쪼옥이 싸우면 무슨 일이 일어날까?

고래왕은 키가 14.5m나 되는 거구다.

포켓몬 도감에는 '제일 큰 포켓몬이다. 숨을 들이쉬지 않고 3000m의 깊이까지 잠수할 수 있다'Y는 내용이 있다. 그렇군, 지금까지 발견된 포켓몬 중에서는 제일 크다!

그에 비해 파쪼옥은 키가 0.1m 즉, 10cm밖에 되지 않는

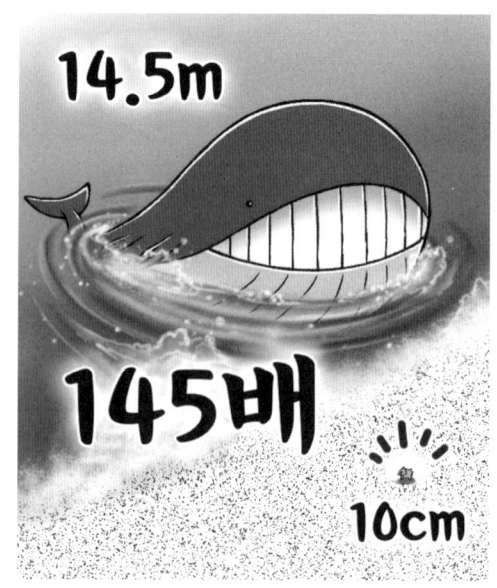

다! 플라베베, 에블리, 큐아링 등과 더불어 가장 작은 포켓몬이다.

대단하다. 14.5m와 10cm면 크기가 145배나 차이 난다.

이처럼 극과 극의 포켓몬을 보면 이런 생각이 든다. 제일 작은 파쪼옥이 제일 큰 고래왕에게 도전하면 과연 어떻게 될까?

상식적으로 생각하면 고래왕이 파쪼옥을 한 방에 보내 버려 승부조차 되지 않겠지. 그러나 파쪼옥은 '몸이 큰 포켓몬에게 매달려 정전기를 빨아들인 후 축전 주머니에 전기를 모은다' Y 는 포켓몬이다. 오, 그렇다면 조그만 파쪼옥에게도 이길 기회가 있는 거 아닐까?

자, 포켓몬 세계에서 가장 큰 포켓몬과 가장 작은 포켓몬의 싸움이 지금부터 시작된다.

◉ 어떻게 잠수할까?

덩치로는 포켓몬 중에서 단연 1위인 고래왕이지만, 몸무게는 그 정도까지는 아니다.

메가진화나 원시회귀 등을 제외해도 398kg인 고래왕보다 무거운 포켓몬은 많다. 철화구야의 몸무게가 999.9kg, 그란돈이 950kg, 디아루가가 683kg 등등……. 제일 큰 고래왕인데 상상외로 몸무게가 적게 나간다. 뭐랄까, 몸의 크기와 비교해 몸무게가

고래왕 뜸고래포켓몬 타입 물
• 키 14.5m
• 몸무게 398.0kg

▼ 오메가루비

발견된 것 중 가장 큰 포켓몬이다. 크고 넓은 바다를 느긋이 헤엄치며 큰 입으로 한 번에 대량의 먹이를 먹는다.

너무 가벼운 것 아닐까?

구체적으로 계산해 보자. 포켓몬 도감의 그림으로 추측하면 고래왕의 부피는 12만 4,000L 정도로, 대형 관광버스와 비슷하다. 여기에 몸무게가 398kg이라면 몸의 밀도는 1L당 3.2g이라는 얘기다. 정말 놀랍다! 우리가 흔히 스티로폼으로 알고 있는 발포 스티롤의 밀도조차도 1L당 20g인데 고래왕은 그보다도 훨씬 가볍다! 물의 밀도는 1L당 1kg이니 고래왕의 밀도는 물의 0.32%밖에 되지 않는다. 그렇다면 고래왕은 몸 전체의 99.68%를 물 위로 내놓고 둥둥 떠오를 것이 분명하다. 마치 물 위에 풍선을 띄워 놓은 느낌일지도……

이렇게 되면 처음에 언급한 포켓몬 도감의 설명이 신경 쓰인다. '숨을 들이쉬지 않고 3000m의 깊이까지 잠수할 수 있다.' Y 도대체 어떻게 이런 일이 가능한 건지 정말 신기하다.

부피가 12만 4,000L인 고래왕에게는 12만 4,000kg = 124t이라

파쪼옥 들러붙기포켓몬　타입 벌레 전기
▼ 오메가루비
• 키 0.1m
• 몸무게 0.6kg

스스로 전기를 만들 수 없어 다른 큰 포켓몬에 달라붙어 정전기를 흡수한다.

는 부력(물속에서 물이 물체를 떠받치는 힘)이 작용한다. 자신의 몸무게보다 300배나 되는 힘이라서 일반적으로 생각하면 절대 물속으로 잠수할 수 없다.

고래왕이 깊이 잠수할 수 있는 이유를 쉽게 상상할 수는 없지만 뭔가 놀라운 기술이 있겠지. 확실히 해 둘 점은 자기 무게의 300배나 되는 부력을 거슬러 잠수할 수 있는 고래왕은 정말 무서운 녀석이라는 사실이다.

◉ 결전! 고래왕 VS 파쪼옥

그럼, 파쪼옥은 어떨까?

포켓몬 도감에는 '스스로 전기를 만들 수 없어 다른 큰 포켓몬에 달라붙어 정전기를 흡수한다' 오메가루비 , '시내에서 사는 파쪼옥은 민가의 콘센트로부터 전기를 빨아들이는 방법을 터득하고 있다' 블랙 고 하니, 파쪼옥에게는 전기가 필요하겠지. 하지만 스스로는

전기를 만들 수 없으니 다른 곳에서 정전기를 흡수하려고 한다.

그렇다면 포켓몬 세계에서 제일 몸집이 큰 고래왕은 파쪼옥의 딱 좋은 타깃이다. 원하는 만큼 실컷 정전기를 얻을 수 있을 테니까. 엄청 많은 파쪼옥들이 물속의 고래왕에게 달라붙어 정전기를 빼앗으려고 하겠지. 그렇다면 고래왕은……

앗, 잠깐! 정전기가 몸에 쌓인다는 것은 전기를 밖으로 내보낼 수 없을 때다. 정전기는 말 그대로 흐르지 않고 머물러 있는 전기다. 공기가 건조하면 전기가 잘 흐르지 않으므로 정전기는 겨울에 잘 쌓인다. 반대로 물은 전기가 잘 흐르기 때문에 물속에서는 정전기가 발생하지 않는다!

그렇다면 파쪼옥이 고래왕을 노릴 수 없지 않을까? 물속에 있는 고래왕에게는 흡수할 정전기가 없다. 만약 가능성이 있다면 그건 고래왕이 물 밖으로 점프할 때다. 포켓몬 도감에는 고래왕에 대해 '커다란 몸을 파도 위에서 점프시켜 충격을 만들어 상대를 기절시킬 때가 있다' ⓧ고 한다. 고래왕이 공기 속으로 몸을 날린 순간을 노려 파쪼옥이 다 함께 달려드는 것일까?

도감의 설명에서 신경 쓰이는 점은 '충격을 만들어 상대방을 기절시킨다'는 부분인데, 과학적으로 생각해도 흥미롭다. 앞에서 설명한 것처럼 고래왕에게는 자기 몸무게의 300배 정도로 부력이 작용한다. 만약 물속에서 부력을 거스르는 것을 멈추면, 고래왕은 해수면 위에서 엄청난 기세로 점프할 수 있을 것이다. 마치 손으로 풍선을 물속에 눌러 넣었다가 손을 떼면 풍선이 물 밖으로 빠르게 튕겨 나오듯이 말이다.

만약 시속 100km로 수면 위를 향해 45°로 뛰어올랐을 경우, 고래왕은 2초 동안 20m 높이까지 점프하고, 2초 동안 떨어진다. 공중에 머무르는 시간은 합계 4초.

승부는 그 시간 동안 엄청 많은 파쪼옥들이 달라붙어 정전기를 흡수할 수 있느냐, 없느냐에 달렸다!

◉ 고래왕이 기뻐할지도!?

……라고 과감히 썼지만, 과연 수많은 파쪼옥이 달라붙어 정전기를 흡수해 버린다고 해서 고래왕이 곤란해질까? 평소에도 우리는 공기 또는 몸에 닿는 물건을 통해 몸에 쌓인 정전기를 내보내면서 생활하는데……. 가끔 정전기 때문에 따끔한 느낌은 들어도 아주 짧은 순간에만 흐르기 때문에 위험할 일도 없다.

하긴, 엄청난 숫자의 파쪼옥이 달라붙으면 고래왕도 움직이기 힘들어지…… 는 문제가 있을지도 모른다.

계산해 보니 고래왕의 몸의 겉넓이는 142m^2다. 키가 0.1m인 파쪼옥이 사방 0.1m당 한 마리씩 달라붙으면 고래왕의 몸은 14,200마리의 파쪼옥으로 뒤덮인다. 파쪼옥의 몸무게는 0.6kg이니 합계 8.52t이다. 고래왕 몸무게의 무려 21배다.

이로 인해 공중의 고래왕은 낙하…… 하지만, 사실 점프했던 것뿐이니 어차피 낙하한다. 오히려 그 다음에 일어날 상황에 주목하고 싶다. 몸무게 398kg인 고래왕한테 합계 8.52t인 파쬬옥이 달라붙음으로써 총 무게는 8.92t이 된다.

앞에서 '고래왕은 몸 전체의 99.68%를 물 위로 내놓고 둥둥 떠오를 것'이라고 썼는데, 파쬬옥이 달라붙음으로써 물 위로 나오는 부분은 전신의 92.8%가 된다. 몸이 조금이나마 물속으로 가라앉는다면 헤엄치기도 수월해지고 바다 밑으로 가라앉기에도 더 편해지지 않을까?

즉, 파쬬옥이 대량으로 달라붙으면 고래왕이 기뻐할지도 모른다! 음, 조금 뜻밖이긴 하지만 훈훈한 결론이군.

버터플 VS 나메일

꽃의 꿀을 좋아하는 버터플과 나메일. 꿀을 차지하기 위한 싸움의 결과는?

나비와 나방은 무엇이 다를까? 나비는 낮에 활동하는 아름다운 곤충이고, 나방은 밤에 날아다니는 수수한 벌레……라고 생각할지도 모르지만, 이런 특징은 나비, 이런 특징은 나방이라고 둘을 나누는 과학적 근거는 사실 존재하지 않는다. 둘 다 나비목으로 분류되며 그 안에서 호랑나빗과나

흰나빗과 등 여섯 개의 과에 속하는 벌레들을 나비, 나머지를 나방이라고 부를 뿐이다. 즉, 아주 가까운 사이다. 어떤 나라에서는 둘을 구별하지 않는 경우도 많다고 한다. 좀 뜻밖인걸?

　자연계의 나비와 나방의 관계를 잘 알게 되었으니, 이제 포켓몬 세계의 버터플과 나메일을 보자. 버터플은 나비포켓몬, 나메일은 나방포켓몬이다. 버터플과 나메일 둘 다 타입은 벌레·비행이니, 이 두 마리도 상당히 가까운 종류일지도 모른다. 꽃의 꿀을 아주 좋아한다는 점도 버터플과 나메일의 공통점이다. 그러나 꿀을 얻는 방법은 전혀 달라서, 버터플이 '사는 곳에서 10km 떨어진 장소에 핀 꽃에서 꿀을 모아 옮길' 오메가루비 알파사파이어 만큼 부지런한 데 비해 나메일은 '세꿀버리가 모아 둔 꿀을 가로채어 먹어 버린다.' 오메가루비 우와 너무하잖아, 나메일!

　자, 버터플과 나메일이 꿀을 둘러싸고 싸우기 시작하면 과연 어떻게 될까?

⊙ 자연계의 나비나 나방과 비교하면?

　버터플은 사는 곳에서 10km나 떨어진 장소에 핀 꽃에서 꿀을 모아 옮긴다. 행동 반경이 꽤 넓은 것 같은데, 의외로 현실 세계의 나비도 넓은 범위를 날아다닌다. 배추흰나비는 반경 2km 정도를

버터플 나비포켓몬

타입: 벌레 / 비행
- 키 1.1m
- 몸무게 32.0kg

▼ 오메가루비·알파사파이어

맛있는 꽃의 꿀을 찾는 능력이 뛰어나서 사는 곳에서 10km 떨어진 장소에 핀 꽃에서 꿀을 모아 옮긴다.

날아다니고, 왕나비처럼 일본에서 대만이나 홍콩까지 2,500km를 날아가는 나비도 있다. 키가 1.1m나 되는 버터플이 10km 정도 나는 건 놀랄 만한 일이 아닐지도 모른다.

놀라운 점은 버터플에게 집이 있다는 사실이다. 자연계에도 벌과 개미처럼 집을 짓는 곤충이 있지만, 그 이유는 새끼를 키우기 위해서다. 나비는 알을 식물의 잎에 낳기만 할 뿐 기르지는 않으므로 집을 짓지 않는다.

포켓몬 도감에 의하면 버터플은 '날개를 감싼 인분은 맹독이다. 캐터피를 노리는 새포켓몬을 발견하면 흩뿌려 내쫓는다.' 울트라썬 오, 진화하기 전의 동료를 지키는군! 그렇다면 공동생활을 할 가능성도 있으니 집을 짓는다고 해도 이상하지 않다.

나메일에 대해서도 주목해야 할 사실이 있다. 진화하기 전의 도롱충이는 도롱이를 만들어 추위를 견디는데, 수컷은 나메일로 진화하여 날아다니며 암컷은 도롱마담으로 진화해서 평생 도롱이

나메일 나방포켓몬

타입: 벌레 비행
- 키 0.9m
- 몸무게 23.3kg

▼ 오메가루비

꽃의 꿀을 매우 좋아한다. 세꿀버리가 모아둔 꿀을 가로채어 먹어 버린다.

속에서 산다. 사실 자연계의 주머니나방도 똑같다.

주머니나방 수컷은 우화(번데기가 날개 있는 성충이 되는 일)해서 나방이 되어 날아다니며 암컷을 찾는다. 암컷은 날개도 없고, 다리도 퇴화해서 유충의 모습으로 도롱이 속에서 수컷이 오기를 기다린다. 교미하면 1,000개 정도의 알을 낳는데, 부화한 유충은 엄마가 남긴 도롱이를 작은 껍질처럼 삼아 거기에 자기 실로 매달려 바람을 타고 넓은 세계로 날아간다.

◎ 나메일이 버터플의 집을 습격!

그럼, 버터플과 나메일이 싸우면 어떤 상황이 벌어질까?

앞에서 설명한 것처럼 두 포켓몬은 꿀을 얻는 방법이 완전히 다르다. 버터플은 넓은 범위를 날아다니며 꽃에서 꿀을 모으고, 나메일은 세꿀버리의 집을 습격한다. 그렇다면 좀처럼 싸움이 시작되지 않을 것 같지만, 주목하고 싶은 점은 버터플이 모아 둔 꿀을 자

신들의 집으로 옮긴다는 사실이다. 버터플이 사는 곳에는 대량의 꿀이 쌓여 있을 가능성이 크다.

자연계의 곤충이 모으는 꿀의 양은 꿀벌 연구를 통해 잘 알려졌다. 일벌의 몸무게는 0.09g인데, 이 꽃 저 꽃으로 날아다니며 한 번에 최대 0.04g의 꿀을 모은다. 일벌은 20일 정도, 하루에 열

번 꿀을 가지러 가며, 벌집 한 개에 20,000마리의 일벌이 있다. 이 결과, 벌집 하나당 최대 0.04g × 10번 × 20일 × 20,000마리 = 160,000g = 160kg이나 되는 꿀이 쌓인다.

버터플도 이런 식으로 꿀을 모은다면 어떻게 될까? 한 번에 옮길 수 있는 꿀의 양과 몸무게의 비율이 꿀벌과 같다면, 한 번에 14kg의 꿀을 옮길 수 있다. 하루에 열 번, 20일 동안 꿀을 모을 경우, 버터플의 집에 쌓이는 꿀은 무려 2.8t이다.

이만큼의 꿀이 있다는 사실을 알면 나메일도 습격하고 싶지 않을까? 같은 식으로 계산한다면 100마리가 모인 세꿀버리의 집에는 49t의 꿀이 있으리라 생각되지만, 세꿀버리 100마리와 싸우기보다는 버터플의 집을 뺏는 것이 훨씬 더 편하지 않을까?

나메일이 그 사실을 깨닫고 실천으로 옮기면 비슷하게 생긴 포켓몬끼리 치열한 싸움이 벌어지겠지. 버터플은 독 인분을 흩뿌리고 나메일은, 응? 나메일은……. 포켓몬 도감을 아무리 읽어 봐도 공격 수단이 쓰여 있지 않다. 레벨업으로 습득할 수 있는 기술에 '독가루'가 있으니 나메일도 독을 쓸 수 있을지도 모르지만…….

으음, 이렇게 되면 승부를 예상하기가 조금 어렵다. 나로서는 꿀을 가로채는 나메일보다 버터플이 이겼으면 좋겠는데 말이다.

마기라스 VS 보스로라

마기라스가 부수면 보스로라가 고친다! 산을 둘러싼 숙명의 대결!

으음, 마기라스……. 이 갑옷 포켓몬에 대해서는 《상상초월 포켓몬 과학 연구소 ①》에서 검증할 때도 매우 괴로웠다.

'마기라스가 난동을 부리면 산이 무너지고 강이 메워지므로 지도를 다시 그려야 한다'고 하는데, 마기라스의 키는 2m, 몸무게는 202kg밖에 되지 않는다. 그런 체격으로 백두산

처럼 생긴 높이 1,000m인 산을 부순다면, 35억t의 힘으로 땅을 울리거나, 1.4M(마하)의 펀치를 18억 번 날리거나…… 인데, 아무리 생각해도 무리인 숫자가 나와 버렸다. 포켓몬은 놀라운 생물이라고 생각했지만 마기라스에 관해 알아볼 때만큼 과학의 무력함을 실감한 적이 없었다. 충격으로 사흘 내내 잠만 잤을 정도다…….

그런 마기라스가 포켓몬끼리의 대결을 다루는 여기에도 등장한다니! 이런 상식을 벗어난 녀석과 싸울 수 있는 정신 나간 포켓몬이 있단 말인가? 그랬더니…… 오오, 있다 있어! 철갑옷포켓몬 보스로라다. 마기라스와는 반대로 황폐해진 산을 깨끗이 청소한다는 포켓몬이다!

포켓몬 도감에 의하면, 보스로라는 '산사태나 산불로 산이 황폐해지면 열심히 흙을 나르고 나무 모종을 심어 자신의 영역을 깨끗이 청소한다.' 알파사파이어 오, 놀랍다. 산불이나 태풍 같은 자연재해가 발생하는 우리나라에도 꼭 있었으면 싶은 포켓몬 아닌가!

단순히 싸우는 게 아니라 마기라스가 무너뜨린 산을 보스로라가 되살리는 승부일 경우, 과연 승리자는 누구일까?

◉ 작은 산이라면 부수는 것도 간단할까?

《상상초월 포켓몬 과학 연구소 ①》에서도 썼지만, 산을 무너뜨

마기라스 갑옷포켓몬　타입 바위 악
● 키 2.0m
● 몸무게 202.0kg

▼ 울트라문
앞길에 산이 있으면 무너뜨리고 집이 있으면 파괴하는 걸어다니는 재해 포켓몬이다.

리는 건 무척 힘든 일이다. 인간이 산을 무너뜨리고 주택지를 조성하는 경우에도 경사면을 깎는 데만 몇 년이나 걸린다.

하지만 마기라스는 우르르 산을 무너뜨려 버린다. 포켓몬 도감에는 '지축을 울리면서 걸으면 큰 산조차 무너지며 주변의 지형은 변해 버리고' 블랙2 화이트2 , '한쪽 팔을 움직이는 것만으로도 산을 무너뜨리고 땅을 울리게 한다' X 고 한다. 걷기만 해도 무너진다니! 한쪽 팔만으로도 무너뜨린다니! 아무리 생각해도 상식을 초월한 포켓몬이구나, 마기라스!

이번 승부에서는 상상을 뛰어넘는 숫자가 나오는 것을 피하기 위해 무대가 되는 산을 조금 작게 설정하자. 《상상초월 포켓몬 과학 연구소 ①》에서는 높이 1,000m의 산이라고 설정했지만, 이번에는 그 $\frac{1}{10}$인 100m로 하겠다. 이 산이 백두산과 같은 원뿔 형태로 생겼다면 그 지름은 1.1km다. 암석질도 같다면 산을 만드는 암석의 무게는 2,000만t이다.

보스로라 철갑옷포켓몬 타입 강철 바위
- 키 2.1m
- 몸무게 360.0kg

▼ 알파사파이어

산사태나 산불로 산이 황폐해지면 열심히 흙을 나르고 나무 모종을 심어 자신의 영역을 깨끗이 청소한다.

'1,000m의 산보다 훨씬 작아졌으니 부수는 것도 간단하겠지?' 라고 생각한다면 큰 착각이다. 폭약이 1,300t이나 필요하다. 몸무게가 202kg인 마기라스가 이 정도 에너지를 발휘하려면 어떻게 해야 될까? 온 힘으로 부딪쳐 일격에 때려 부술 때 필요한 돌진 속도는 시속 50만km = 410M다! 역시 상상을 뛰어넘는군.

그렇다고 해서 돌진 속도를 $\frac{1}{10}$인 41M로 떨어뜨린다면, 그건 또 그것대로 큰일이다. 에너지는 '무게 × 빠르기 × 빠르기'에 비례하므로 빠르기가 $\frac{1}{10}$이 되면 에너지는 $\frac{1}{100}$이 된다. 그럼 같은 에너지를 내기 위해서 41M로 부딪치기를 100번 되풀이해야 한다! 게다가 돌진 속도가 4.1M가 된다면, 그 횟수는 10,000번……!

◉ 앗, 보스로라도 빠르잖아!?

여전히 상식을 초월한 마기라스지만, 거기에 계속 매달려 있다가는 대결 시뮬레이션에 진전이 없겠지. 마기라스가 산을 부쉈다

고 치고 보스로라가 원래대로 되돌리려면 어떻게 하면 될까? 포켓몬 도감에는 '열심히 흙을 나르고 나무 모종을 심는다'고 하는데…….

마기라스가 부순 바위의 총 무게는 좀 전의 가정대로 2,000만t이다. 보스로라는 그만큼의 바위를 원래 장소에 가져다 두어야 하는데, 상상만으로도 힘든 작업이다. 자기 몸무게와 똑같은 360kg

씩 옮긴다고 해도 필요한 운반 횟수는 5,600만 번! 1분에 한 번 옮기다고 해도 하루 15시간씩 일해서 다 끝나는 것은 170년 뒤…….

아니지 아니지, 포켓몬 도감의 설명으로 짐작하기에 보스로라는 지금까지 몇 번이나 산을 원상 복귀시켰을 것이다. 만약 보스로라가 일주일 동안 이 엄청난 일을 해냈다면?

마기라스가 부순 산의 파편이 산 지름의 두 배 정도 되는 영역에 흩어져 있다고 가정하고 계산하면, 보스로라는 이걸 모으기 위해 4,000만km나 달려야 한다. 이는 지구 1,000바퀴만큼의 거리인데, 하루에 15시간을 달려서 7일 만에 끝낸다고 하면 보스로라의 이동 속도는 312M다. 으악, 마기라스의 경우와 마찬가지로 상식을 벗어난 숫자가 나와 버렸군! 보스로라 너마저…….

게다가 바위와 흙을 모아서 쌓아 올리기만 한다고 산이 원상 복귀되는 것이 아니다. 산은 바위 위에 영양이 풍부한 표토가 덮여 있고, 식물은 표토 위가 아니면 자라지 않는다. 보스로라가 우선 바위를 쌓아 올린 다음 그 위에 표토를 덮지 않으면, 기껏 나무를 심어도 자라지 않겠지. 우르르 산을 부수기만 하는 마기라스에 비해 산을 되살리는 보스로라에게는 끈기와 기술이 요구된다.

과학을 하는 입장에서 부디 보스로라가 이겼으면 좋겠다는 생각이 든다.

나옹 VS 알로라나옹

닮았지만 미묘하게 다르다! 나옹과 알로라나옹이 싸우면 누가 이길까?

알로라지방의 포켓몬은 무척 흥미롭다. 누리공이나 냐오불처럼 알로라지방에서만 발견되는 것도 있고, 나시나 디그다처럼 다른 지방 포켓몬과는 생김새나 능력이 다른 것도 있다.

그중에서도 재미있다고 생각되는 포켓몬은 나옹이다. 키도 몸무게도, 이마에 금화 같

은 것이 붙어 있는 점도 똑같다. 하지만 잘 보면 꽤 다르다. 구체적으로는 다음과 같다.

나옹은 몸의 대부분이 크림색이지만 알로라나옹은 푸르스름한 회색이다. 나옹은 눈을 크게 떴지만, 알로라나옹은 눈을 반만 뜬 상태다. 나옹은 수염이 일직선으로 뻗어 있지만, 알로라나옹은 수염이 살짝 구부러져 있다. 그리고 성격도 조금 다른 듯한데, 알로라나옹은 호화롭게 지내며 마음대로 생활을 하는 동안 제멋대로에 자존심 높은 성격이 되었다고 한다.

많이 닮았지만 조금 다른 두 마리. 싸우면 누가 이길까?

◎ 닮았지만 다른 생물

자연계에도 닮았지만 다른 생물이 있다.

예를 들면, 소와 양은 둘 다 굽이 달린 네 개의 발로 걷고, 머리에 뿔이 있으며, 풀을 먹는다. 먹은 풀을 위에서 입으로 다시 내보내 되새김질하는 점도 같다. 하지만 몸 크기나 뿔 모양, 털 등 다른 점도 많이 있다.

소도 양도 같은 동물에서 진화했다. 그러다 어느 순간 먹는 음식이나 사는 장소의 차이에 맞춰 각각 진화를 이루어 현재처럼 되었다. 이렇게 하나의 생물이 환경에 맞추어 다른 모습으로 진화하

나옹 요괴고양이포켓몬 　　타입 노말
▼ 오메가루비・알파사파이어
● 키 0.4m
● 몸무게 4.2kg

날카로운 발톱을 집어넣고 살금살금 발소리를 내지 않고 걸을 수 있다. 반짝반짝 빛나는 동전을 왠지 모르지만 아주 좋아한다.

는 것을 '적응진화'라고 한다. 적응진화에서는 진화의 갈래가 가까울수록 모습이나 성질이 비슷하다.

　닮았지만 다른 생물이 되는 이유는 한 가지가 더 있다.

　오스트레일리아에 살았던 태즈메이니아주머니늑대는 늑대와 닮았고, 주머니날다람쥐는 날다람쥐와 비슷하다. 그러나 둘 다 캥거루처럼 어미의 배 주머니 속에 새끼를 낳고 키우는 '유대류'다. 하지만 늑대와 날다람쥐는 어미의 자궁 안에서 오랫동안 성장한 후에 태어나는 '태반류'(인간도 태반류로 분류됨)이므로, 이들과는 전혀 다른 생물이다. 그런데도 비슷하게 생겼다니 신기하다!

　유대류는 1억 2천만 년 전에 태반류에서 갈라져 나왔다. 이후 대륙 이동으로 오스트레일리아가 분리되는 과정에서 적응진화가 진행되고, 다른 동물을 잡아먹는 동물은 늑대와 비슷한 모습이 되었다. 그리고 나무에서 나무로 날아다니는 것은 앞발과 뒷발 사이에 막이 생기면서 날다람쥐와 닮은 모습이 되었다. 이렇게 전혀

나옹(알로라의 모습) 요괴고양이포켓몬 타입 악
●키 0.4m
●몸무게 4.2kg

▼썬

원래 알로라에는 없었으나 사람에 의해 개체 수가 늘어난 후 야생화되었다. 교활하고 프라이드가 높다.

다른 생물이 다른 장소에서 각각 적응진화한 결과, 비슷한 모습으로 바뀌는 것을 '수렴진화'라고 한다.

나옹과 알로라나옹이 닮은 것은 분명히 적응진화에 의한 것이다. 포켓몬 도감에는 알로라나옹에 대해 '원래 알로라에는 없었으나 사람에 의해 개체 수가 늘어난 후 야생화되었다' 썬, '먼 옛날에 번영한 왕족이 다른 지방에서 데려왔다' 울트라문 고 쓰여 있다. 알로라지방의 환경에 맞게 몸 색깔, 눈, 수염이 변한 것이다.

또 인간의 영향이 크다는 사실도 인상적인데, 이 점은 현실 세계의 고양이도 마찬가지다. 고양이가 언제부터 우리나라에 살게 되었는지는 정확히 알 수 없지만, 삼국 시대에 불교가 한반도에 전래되어 중국에서 불경을 들여올 때, 배에서 쥐들이 불경을 갉아 먹지 못하도록 고양이를 들여온 것이 시초라고 추측하고 있다. 이후 몸길이와 털이 짧고, 얼룩무늬나 줄무늬를 가진 '토종 고양이'가 되었다고 한다. 알로라나옹과도 매우 비슷한 경우다.

◉ 승부수가 빠져 버린 두 마리의 싸움

그렇다면 나옹과 알로라나옹이 싸우면 어떻게 될까.

포켓몬 도감은 나옹에 대해 '쓰레기장에 가면 빛이 나는 물건을 두고 니로우와 격렬하게 싸우는 광경을 볼 수 있다' 울트라썬 고 설명한다. 니로우는 밤에 그 모습을 보면 불행이 찾아온다는 말이 있는 불길한 포켓몬이다. 그런 녀석과 싸운다니, 나옹은 반짝이는 물건을 보면 분별력이 없어지는지도 모른다. 알로라나옹과 맞섰을 때 나옹의 눈에 보이는 것은 이마에 반짝이는 금화! 당연히 손을 뻗겠지.

한편, 알로라나옹은 '높은 자존심에 상처를 입거나 이마의 금화가 더러워지면 미친 듯이 히스테리를 부린다' 〔문〕고 한다. 쓰레기장에도 출몰하는 나옹의 손이 자신에게 닿으면 그야말로 큰일이다. 알로라나옹은 히스테리 발작을 일으킬 것이다. 격렬하게 싸우는 두 마리!

그러나 어떤 싸움이 될지를 예측하자면……. 으음, 키는 둘 다 0.4m, 몸무게도 둘 다 4.2kg으로 완전히 똑같다. 서로 결정적인 공격 기술도 없는 경우, 나옹도 알로라나옹도 상대의 이마에 있는 금화에 손을 뻗으려 하고, 그때마다 둘 다 엄청나게 화를 낸다…… 는 전개만 계속해서 이어지지 않을까?

결정타가 없는 싸움만 끝없이 계속된다. 나옹이 '한밤중에 움직이는 습성' 〔블랙2〕 〔화이트2〕을 가진 것처럼 알로라나옹도 마찬가지라면, 두 마리가 밤새도록 싸우다가 아침이 되면 일단 휴전. 그리고 어두워지면 다시 싸운다…… 는 전개가 되풀이되겠지.

한참 동안 끝나지 않을 것이다. 으음, 진흙탕 싸움이 이런 걸까?

독침붕 VS 스라크

독침으로 찌르는 독침붕!
낫으로 자르는 스라크!
장렬한 싸움의 결말은?

독침 VS 낫! 이것 참, 무서운 승부가 될 것 같다.

독벌포켓몬 독침붕은 양팔과 엉덩이에 달린 세 개의 독침으로 상대를 찔러 공격한다. 게다가 그냥 찌르는 것이 아니라 '찌르고, 찌르고, 또 찌르며 공격한다' x 니 대단하다! 진화 전의 딱충이 시절에는 엄청 지루한 싸움을 했는데(72쪽을

참고하시길!) 이제 그때의 모습은 없다.

이에 맞서는 스라크는 버마재비포켓몬이다. 공룡처럼 생긴 모습이 정말 근사한데, 양손의 날카로운 낫으로 공격한다. '양손의 날카로운 낫은 단단한 것을 자르면 자를수록 더욱더 날카로워진다.' 블랙2 화이트2 속도가 붙으면 커다란 나무도 두 동강이 난다고 한다.

둘 다 속도도 대단하다. 독침붕은 '맹렬한 스피드로 날고' Y, 스라크는 '움직여도 잔상밖에 보이지 않는다.' 소울실버

이런 초공격적인 초고속 포켓몬들끼리 싸우면 얼마나 근사할까?

⊙ 독침은 무서워!

독침붕의 독침이 얼마나 무서운지 자연계 벌과 비교해 보자.

현실 세계의 벌침은 산란관이 변화한 것이므로 암컷에게만 있다. 그러나 독침붕은 수컷과 암컷 모두 독침이 있다! 게다가 벌침은 엉덩이에만 있지만 독침붕은 양손에도 있으므로 독침이 세 개다. 상대 포켓몬이 양팔로 어떻게든 독침 두 개를 막는다고 해도 남은 하나로 확실히 찌를 수 있다는 얘기다!

게다가 포켓몬 도감의 그림으로 추측해 보면 양손의 두꺼운 침은 길이 38.7cm, 최대 지름 14.5cm나 된다! 이런 말뚝 같은 침에 푹 찔리는 날에는 독이 있건 없건 목숨이 위험하지 않을까?

독침붕 독벌포켓몬 타입 벌레 독
• 키 1.0m
• 몸무게 29.5kg

▼ X

양손과 엉덩이에 있는 3개의 독침으로 상대를 찌르고 찌르고 또 찌르며 공격한다.

　자연계의 벌에게 있는 독 성분에는 아픔을 일으키는 물질, 혈압을 낮추는 물질, 적혈구와 세포를 파괴하는 물질, 그리고 적의 습격을 동료들에게 알리는 경보 페로몬(177쪽 참고) 등이 가득하다. 즉, 벌에 쏘이면 아플 뿐만 아니라 혈압도 낮아지고, 적혈구와 세포가 파괴되며, 다른 벌들도 우글우글 모여들게 될 것이다. 으윽, 무서워.

　독침붕의 독 성분은 모르지만, 아무쪼록 현실의 벌보다 약하고 아프지도 가렵지도 않기를! 하지만 그럴 리는 없겠지…….

◎ 닌자처럼 빠르다고?

　스라크의 무서움은 양손의 낫과 그 속도다. 포켓몬 도감에는 '닌자처럼 재빠르다. 너무 빨리 움직일 때에는 몇 마리나 있는 것처럼 보인다' 리프그린 , '움직여도 잔상밖에 보이지 않는다' 소울실버 고 쓰여 있다. 너무 빨라서 그 잔상으로 분신술처럼 보인다는 뜻이겠지.

스라크 버마재비포켓몬

타입 벌레 비행
● 키 1.5m
● 몸무게 56.0kg

▼ 오메가루비·알파사파이어

눈에 보이지 않는 빠른 스피드가 양팔에 달린 낫의 날카로움을 한층 높여준다. 한 번 휘두르면 큰 나무도 두 동강 난다.

    인간은 방금 본 것이 시야에서 사라져도, 얼마 동안은 그 상이 망막에 남는다. 이것이 잔상인데, 망막에 남는 시간은 0.1초 정도다. 하늘을 향해 인사하듯 손을 흔들면 손가락이 많은 것처럼 보이는데, 왼쪽과 오른쪽 끝에서 순간 멈춘 손의 상이 망막에 남기 때문이다.

    혹시, 스라크도 움직이면 멈추고, 움직이면 멈추기를 짧은 시간에 되풀이하는 것 아닐까? 여기서는 스라크가 3m 간격으로 다섯 마리로 나뉜다고 가정하자. 잔상을 남기려면 멈춰 있을 시간이 필요하므로 0.1초 사이에 '0.01초 멈추고 0.01초 동안 3m 이동'을 다섯 번 반복하고, 매번 같은 장소에서 멈추면, 다섯 개의 잔상을 보여 줄 수 있을 것이다. 여기에 필요한 속도는 3m ÷ 0.01초 = 초속 300m = 시속 1,080km! 닌자 정도가 아니라 KTX보다도 세 배 이상 빠르다!

    스라크는 이런 속도를 활용해 큰 나무도 두 동강 낸다고 한다. 도대체 얼마나 큰 나무를 자를 수 있는지 실험해 보니, 몸무게 56kg인 스라크가 시속 1,080km로 달리면서 낫을 휘두를 때 자를 수 있는 나무의 지름은 12.5m다. 현실 세계에서 가장 큰 나무는 미국에 있는 '셔먼 장군 나무'인데 세쿼이아 삼나무로, 최대 지름이 11.1m다. 스라크는 이런 커다란 나무조차 슥 잘라 버리는 실력자다!

◉ 독침붕이 단체로 덤비면?

놀라운 능력의 소유자인 두 포켓몬의 싸움은 어떻게 전개될까?

독침붕의 침은 세 개, 스라크의 낫은 두 개다. 독침붕이 유리해 보이지만 만약 스라크의 낫이 독침붕의 침을 잘라 버릴 수 있다면 개수는 큰 문제가 되지 않는다. 반대로, 독침붕의 말뚝 같은 독침이 스라크의 낫을 깨부술 가능성도 있다.

결과는 속도에 달린 것일까? 독침붕이 어느 정도의 속도로 움직일 수 있는지 확실하지 않으니 예상하기 어렵지만 두 포켓몬이 같은 정도의 속도로 움직일 수 있다면 몸집이 더 큰 스라크가 유리할지도 모른다. 겉보기에도 강해 보이고…….

마음에 걸리는 것은 포켓몬 도감에 나오는 독침붕에 대한

설명이다. '영역에 대한 집착이 매우 강해서 독침붕이 사는 곳에는 가까이 가지 않는 것이 신상에 좋다. 화나면 집단으로 습격해 온다.'

오메가루비 알파사파이어 반면, 스라크는 '젊을 때는 산속에 무리 지어 살며 낫으로 싸우는 법이나 고속 이동을 수련한다' 루 고 하니까 크고 난 뒤에는 혼자 살 수도 있다. 이런 내용으로 추측해 볼 때 독침붕 여러 마리 VS 스라크 한 마리의 싸움이 될 가능성도 있다.

어디까지나 가정이지만 일대일로 싸우면 80%의 확률로 스라크가 이긴다고 하자. 이 경우, 두 마리의 독침붕과 싸워도 이길 확률은 0.8 × 0.8 = 0.64 = 64%다. 세 마리와 싸워도 이길 확률은 0.8을 다시 곱해서 51.2%. 네 마리가 되면 40.96%로 50% 아래로 내려간다. 그리고 다섯 마리면 32.77%, 여섯 마리 26.21%, 일곱 마리 20.97%, 여덟 마리 16.78%, 아홉 마리 13.42%, 열 마리 10.74%……. 스라크가 이길 가능성은 작아진다.

승부는 독침붕 몇 마리가 덤비느냐에 따라 달라질 것이다. 스라크가 일대일로 싸워 이길 가능성이 80%일 경우, 독침붕이 세 마리라면 스라크가 우세하다. 네 마리 이상이 되면 스라크가 질 확률이 높다.

현실 세계의 장수말벌은 500마리나 되는 무리를 만든다고 하는데, 독침붕이 그런 큰 무리를 만들지 않기만을 바랄 뿐이다.

| 이븐곰 VS 부란다 |

등근육 힘이 1t인 이븐곰과 덤프트럭을 집어 던지는 부란다! 괴력의 포켓몬 두 마리의 진검승부!

분홍색 얼굴에 둥글둥글한 눈동자. 머리띠를 한 것 같은 하얀 귀. 곰인형처럼 귀여워서 보기만 해도 웃음이 나는 이븐곰이지만, 사실은 엄청난 근력을 가진 위험한 포켓몬이다.

등근육의 힘은 1t이 넘고, 두 팔로 끌어안으면 무엇이든 두 동강이 난다! 그러면서 아무렇지 않은 듯 무표정인 것도 무섭다.

반면, 부란다의 생김새를 보면 현실 세계의 자이언트판다가 떠오른다. 하지만 표정은 흉악하고, 마치 옛날 교복을 입은 것처럼 보이기도 한다. 팔 힘을 자랑하는 무서운얼굴포켓몬인데, 무서운 얼굴이란 결국 험상궂게 생겼다는 뜻이다! 그래도 약한 자를 괴롭히는 것은 용서하지 않는, '불량하지만 좋은 녀석'이란 느낌이 나는 포켓몬이다.

이븐곰도 부란다도 하는 행동이 생김새와는 다르다. 재미있을 것 같은데, 과연 누가 더 강한지 두 포켓몬의 대결을 상상해 보자.

◉ 공포의 베어허그

포켓몬 도감은 이븐곰에 대한 무서운 사실을 담담하게 전한다.

'동료끼리 서로 껴안는 버릇이 있다. 그 힘 때문에 척추가 부러져서 세상을 떠나는 트레이너도 많다.' 문 세, 세상을 떠난다고!? 트레이너를 동료로 생각하고 껴안다가 척추를 부러뜨려 버려서!? 으악, 친해져도 그런 일을 당한다면 도대체 어떻게 해야 하지?

포켓몬스터 공식 사이트의 정보를 보면 등골이 오싹하다. 이븐곰의 주특기가 '베어허그'라고 전하면서 '배근력이 1톤을 넘어 양팔로 껴안은 것은 무엇이든 두 동강을 낼 수 있다!'고 한다. 그리

이븐곰 강한완력포켓몬　타입 노말 격투
● 키 2.1m
● 몸무게 135.0kg

▼ 썬

압도적인 근력을 가지는 아주 위험한 포켓몬이다. 서식지는 기본 출입금지다.

고 144쪽의 이븐곰 그림처럼 지름 50cm 정도인 나무줄기를 껴안고 두 동강으로 부러뜨린다!

정말 위험한 포켓몬이다. 베어허그는 마주한 상대방의 등을 양팔로 단단히 조이는 프로레슬링 기술이다. 상대는 숨을 쉴 수 없게 되고 척추에 타격을 입는다. 그런 무서운 기술이 특기라니!

게다가 지름 50cm인 나무줄기를 부러뜨린다! 정말로 놀랍다. 목재 중 강도가 중간 정도인 삼나무의 정보를 기준으로 계산해 보니, 필요한 힘이 330t이라는 어처구니없는 수치가 나와 버렸다. 이븐곰의 배근력이 1t이 넘고, 팔 힘은 300t이 넘는다고!? 아무튼 대단하다.

◉ 덤프트럭을 날려 버리는 위력이란?

한편 부란다는 '성질이 거칠어 툭하면 싸우려 들지만, 약자를 괴롭히는 일은 용서하지 않는' 오메가루비 점이나, '싸움꾼이지만 동료에

부란다 무서운얼굴포켓몬 타입 격투 악
● 키 2.1m
● 몸무게 136.0kg

▼ 울트라문
주먹으로 이야기하는 타입이다. 긴말 없이 냅다 때려서 덤프트럭도 날려버리는 돌진을 먹인다.

대한 정은 두텁다' 문 는 것을 보아 리더 기질이 있다. 으음, 멋진걸. 저도 부디 동료로 삼아 주세요!

앗, 이런 순진한 부탁이나 하고 있을 때가 아니지. 지금 생각해야 할 것은 부란다의 강력함이니까.

포켓몬 도감에는 여러 가지 설명이 쓰여 있다. 예를 들면, '공격을 받아도 풀 죽지 않고 돌진하며 전신주도 부러뜨리는 파워의 완력으로 때려 눕힌다.' 알파사파이어 오오, 전신주를 부러뜨린다면 나무를 두 동강 내는 이븐곰의 힘에도 대항할 수 있지 않을까?

하지만 사실 전신주는 지름이 30cm밖에 되지 않고 내부가 텅 비어 있는 데다가 콘크리트는 구부리는 힘을 받으면 나무보다 약하다. 만약 이븐곰처럼 끌어안고 꺾는다면 전신주는 3.9t의 힘으로 부러져 버린다.

그럼, 이 승부는 이븐곰이 우세할까? 그렇다고 단정할 수도 없다. 주목하고 싶은 사실은 부란다가 '긴말 없이 냅다 때려서 덤프트럭

도 날려 버리는 돌진을 먹인다' 울트라문 는 설명이다. 덤프트럭을 날리다는 사실이 생각할수록 대단하다!

여기에는 상당한 속도가 필요하다. 몸무게가 136kg인 부란다가 10t짜리 덤프트럭을 10m 날리려면 시속 2,600km = 2.1M(마하)로 부딪쳐야 한다. 즉, 부란다는 2.1M로 달릴 가능성도 있다!

◉ 너무나 스릴 넘치는 싸움!

위 내용들을 고려해 봤을 때, 두 포켓몬의 결투에서 승부수가 어디에 있는지 알 수 있다.

이븐곰이 베어허그라는 간격을 좁혀 싸우는 접근전에 강한 데 반해, 부란다는 세게 때리거나 돌진해서 밀어붙이는 중거리 전법으로 싸운다. 승부의 갈림길은 2.1M라는 부란다의 속도에 이븐곰이 대처할 수 있는가 아닌가에 달렸다.

두 포켓몬의 시선이 찌릿 엇갈리는 순간, 부란다는 긴말 없이 이븐곰을 향해 돌진한다. 두 마리가 10m 떨어져 있어도 격돌까지는 고작 0.014초! 만약 이븐곰이 대응하지 못한다면? 부란다의 돌진이 먹혀 들어 몸무게가 135kg인 이븐곰은 2.1M의 속도로 날아가 버린다. 아무리 이븐곰이라도 다시 일어날 수 있을까…….

하지만 이븐곰이 민첩하게 반응해서 부란다를 막아 낼 수 있다면 330t의 베어허그 공격이 시작된다. 이 공격을 그대로 당한다면 부란다라고 해도 큰 타격을 피할 수 없겠지…….

엄청난 힘을 가진 포켓몬끼리의 격돌은 '민첩성'에 따라 승부가 갈릴 것 같다. 정말로 흥미진진한 싸움이 펼쳐지겠는걸?

헤라크로스 VS 쁘사이저

뿔이 하나인 헤라크로스와 뿔 두 개를 집게처럼 쓰는 쁘사이저. 두 마리가 격돌하면 어떻게 될까?

오오, 주목할 만한 대결 구도다. 뿔로 싸우는 포켓몬끼리의 대결!

헤라크로스는 뿔이 한 개다. 자랑거리인 자신의 뿔을 상대방의 배 아래에 밀어 넣고 한 번에 들어 올려 내던진다고 한다.

포켓몬 도감에는 '엄청난 괴력의 소유자. 자신 체중의

뿔이 하나

뿔이 둘

100배나 되는 무게도 가뿐히 내던진다' Y 고 한다. 헤라크로스의 몸무게는 54kg이므로 그 100배라면 5.4t이다. 포켓몬 세계에서 가장 무거운 철화구야(몸무게 999.9kg)를 한 번에 다섯 마리나 내던질 수 있다는 뜻이다.

그에 맞서는 쁘사이저는 두 개의 뿔 사이에 상대를 끼워서 공격한다. 포켓몬 도감에 의하면 '2개의 뿔로 끼운 먹이는 조각날 때까지 놓지 않는다' 블랙2 화이트2 고 하니, 뿔의 힘은 상대방의 몸을 물어서 잘라 버릴 정도로 강력하다는 얘기다.

압도적인 괴력으로 내던지는 헤라크로스와 사냥감의 몸이 끊어질 때까지 놓아 주지 않는 쁘사이저. 둘 다 경이적인 위력의 뿔을 가진 포켓몬인데, 싸우면 과연 누가 이길 것인가!?

◉ 장수풍뎅이 · 사슴벌레와 비교하면?

헤라크로스의 뿔은 장수풍뎅이, 쁘사이저의 뿔은 사슴벌레와 매우 비슷하다. 두 마리가 지닌 뿔의 위력을 밝히기 위해 자연계의 장수풍뎅이와 사슴벌레의 뿔에 관해 알아보자.

곤충의 몸은 외골격이라는 튼튼한 껍질에 싸여 있고 머리, 가슴, 배로 나뉜다. 장수풍뎅이의 뿔은 외골격의 일부가 크게 돌출된 것인데, 수컷만 뿔이 있고, 암컷은 뿔이 없다. 수컷의 머리에는

헤라크로스 외뿔포켓몬 타입 벌레 격투
● 키 1.5m
● 몸무게 54.0kg

▼ X

자랑스러운 뿔을 상대의 배 밑에 틀어박고 단번에 들어 올려 집어 던지는 천하장사다.

긴 뿔이, 가슴 등판에는 짧은 뿔이 나 있다. 뿔만 움직이는 것은 불가능하므로, 긴 뿔을 움직이려면 머리를 위아래로 움직여야 하고, 짧은 뿔은 움직이지 않는다.

즉, 장수풍뎅이의 뿔이 다른 곤충을 나무줄기에서 떼어 내는 강한 힘을 낼 수 있는 이유는 머리 근육의 힘이 강하기 때문이다.

그렇다고 해서 헤라크로스처럼 자기 몸무게의 100배 무게도 내던지는 힘은 낼 수 없지 않을까? 하는 생각이 들겠지만 사실 장수풍뎅이의 뿔 힘은 1kg이 넘는다. 장수풍뎅이 수컷의 몸무게는 10g 정도이므로 역시 몸무게의 100배다. 으음, 자연계의 장수풍뎅이를 보면 헤라크로스의 뿔 힘도 무척 설득력이 있는걸?

한편, 사슴벌레의 뿔은 입에 있는 큰턱이 발달한 것이다. 아주 옛날에 곤충은 지네처럼 몸이 몇 개의 마디로 나누어져, 각각의 마디에서 좌우 두 개씩의 다리가 난 생물이었다. 그 다리가 더듬이, 큰턱, 지금의 다리가 되었다. 사슴벌레 수컷은 암컷보다 턱이

쁘사이저 뿔집게포켓몬　　타입 　벌레

▼ 블랙2・화이트2

파워풀한 뿔을 휘두른다. 2개의 뿔로 끼운 먹이는 조각날 때까지 절대 놓지 않는다.

● 키 1.5m
● 몸무게 55.0kg

매우 발달해 있다. 이 턱은 원래 다리였으므로 사슴벌레의 뿔은 마음대로 움직이며 힘이 세서 무언가를 끼울 수도 있다.

그렇다고는 해도 쁘사이저처럼 상대의 몸을 물어서 조각낼 수도 있을까? 가능하다. 자연계의 사슴벌레도 상대 곤충의 가슴과 배 사이를 큰턱으로 물어 절단하는 경우가 있다고 한다.

음, 그럼 쁘사이저의 무시무시한 절단력도 어느 정도 납득할 수 있겠군.

◉ 곤충의 힘이 센 이유

장수풍뎅이와 사슴벌레는 어째서 이렇게 강한 힘을 낼 수 있는 걸까?

곤충도 인간도 근육의 기본 구조는 같다. 그러나 인간은 자기 몸무게의 100배나 되는 힘은 낼 수가 없다. 곤충이 힘이 강한 이유는 크기가 작기 때문이다.

장수풍뎅이도 사슴벌레도 수컷의 뿔 끝에서 엉덩이까지 길이가 7cm 정도로, 키 140cm인 초등학생의 $\frac{1}{20}$밖에 되지 않는다.

키가 140cm, 몸무게가 35kg인 초등학생이 $\frac{1}{20}$ 크기로 작아졌다고 가정해 보자. 키가 $\frac{1}{20}$이 되면, 몸통을 가로로 잰 길이도, 앞뒤 두께도 $\frac{1}{20}$이 되므로, 몸무게는 $\frac{1}{20} \times \frac{1}{20} \times \frac{1}{20} = \frac{1}{8,000}$로 줄어든다. 35kg의 $\frac{1}{8,000}$은 4.4g이다.

한편, 힘의 세기는 근육의 단면으로 정해지므로 $\frac{1}{20} \times \frac{1}{20} = \frac{1}{400}$이 된다. 앞에서 말한 초등학생이 10kg의 짐을 들 수 있다면 7cm로 작아졌을 때는 10kg ÷ 400 = 25g을 들 수 있다는 계산이 나온다. 이 숫자는 몸무게 4.4g의 약 여섯 배다. 즉, 몸이 작아지면 몸무게에 비해 힘이 세진다!

오, 상상하니 즐거워진다. 인간의 경우 친구를 머리 위로 들어 올리는 건 어지간히 체력을 단련하지 않으면 불가능하지만, 몸이 작아지면 오히려 번쩍번쩍 들어 올릴 수 있게 되는 거잖아!

앗, 하지만 그런 망상이나 하면서 싱글벙글할 때가 아니다. 헤라크로스와 쁘사이저의 경우는 둘 다 키가 1.5m이며, 몸무게는 헤라크로스가 54kg, 쁘사이저가 55kg이다. 전혀 작지 않다. 이 크기로 몸무게 100배의 힘을 낼 수 있고 상대를 물어서 조각낸다니 정말 놀랍다. 포켓몬들은 몸의 기본 구조가 다를지도 모른다.

◉ 승부는 순식간에 결정!

그럼, 이 두 마리가 정면에서 맞붙으면 어떻게 될까?

헤라크로스의 뿔의 힘은 자기 몸무게의 100배인 5.4t이다. 이런 힘으로 내던진다면 쁘사이저도 위험하겠지. 헤라크로스가 뿔을 1m 움직여서 내던진다면 몸무게가 55kg인 쁘사이저는 시속 157km로 던져 올려져, 고도 97m까지 다다른 다음, 시속 157km로 땅에 내동댕이쳐진다!

반대로 쁘사이저의 뿔에 잡히게 되면 헤라크로스도 무사하지는 못 할 것 같다. 헤라크로스의 몸은 '강철 같은 껍질로 몸을 감싸고 있다' 에메랄드 지만, 포켓몬 도감의 그림을 보면 그 가죽에는 여기저기 이음매가 있다. 그 부분을 쁘사이저의 뿔에 잡혀 버리면 정말 위험하다. 게다가 쁘사이저는 '자신의 몸무게 두 배나 되는 상대를 뿔로 집어 가볍게 들어 올리는 괴력' 오메가루비 의 소유자다.

쁘사이저의 힘 자체는 헤라크로스에 미치지 못하지만 헤라크로스가 놀라운 힘을 발휘할 수 있는 것은 '손발의 날카로운 손발톱이 땅이나 나무에 깊숙이 박히기 때문' 알파사파이어 이다. 쁘사이저가 헤라크로스를 들어 올려 손발이 땅에서 떨어지기라도 하는 날에는 벗어날 방법이 없다. 조각날 때까지 절대 놔 주지 않는다면…….

이 승부는 분명히 순식간에 결정된다! 헤라크로스가 쁘사이저의 뿔에 잡히기 전에 쁘사이저를 내던질 수 있다면 헤라크로스의 승리. 헤라크로스가 내던지기 전에 쁘사이저가 자신의 뿔로 헤라크로스를 잡을 수 있다면 쁘사이저의 승리.

즉, 이 두 마리의 싸움은 먼저 공격하는 쪽이 반드시 이긴다. 승리의 행방은 그때의 운에 맡기는 수밖에 없겠지.

하지만 포켓몬 도감의 쁘사이저 항목에는 신경 쓰이는 내용이 있다. '조각나지 않으면 저편으로 세게 내던진다.' 블랙 화이트 조각날 때까지 절대 놔 주지 않는 집념을 보이는가 했는데, 조각나지 않을 때는 시원스레 내던진다. 오오, 대단히 유연한 자세인걸, 쁘사이저!

그에 비해 헤라크로스는 오로지 내던지기만 할 뿐이다.

그렇다면, 임기응변에 능한 쁘사이저가 이 결투에서는 유리하려나?

| 잠만보 VS 꿀꺽몬 |

하루에 400kg을 먹는 잠만보!
뭐든 꿀꺽 삼키는 꿀꺽몬!
놀라운 대식가끼리의
대결 결과는?

잠만보는 하루에 400kg을 먹지 않으면 성이 차지 않는다! 꿀꺽몬은 자동차 타이어도 들어가는 큰 입으로 뭐든지 통째로 삼킨다!

둘 다 엄청난 대식가지만 이 정보만으로는 누가 더 많이 먹는지 알 수 없다. 왜냐면 잠만보는 '무게', 꿀꺽몬은 '크기'로만 먹는 정도를 표현했기 때

문이다. 그렇다면 누가 더 많이 먹는지 구체적으로 생각해 보자.

◉ 더 많이 먹는 것은 누구?

잠만보의 몸무게는 460kg이다. 많이 먹는 것도 당연하다는 생각이 들지만, 그렇게 간단한 이야기는 아니다.

현실 세계의 두더지는 하루에 자기 몸무게의 50%나 되는 양의 지렁이를 먹는다. 두더지의 몸무게가 60g 정도이니 하루에 지렁이 30g(40마리 정도)을 먹는다는 얘기다. 동물원에서는 몸무게 150kg인 사자에게 하루에 약 6.3kg의 고기를 준다고 한다. 양만 비교하면 사자의 먹이가 두더지의 먹이보다 훨씬 많지만, 사자가 먹는 양은 자기 몸무게의 4.2% 정도에 불과하다. 몸집이 클수록 몸무게에 비해 먹는 양의 비율이 낮아진다. 덩치가 클수록 몸에서 열이 쉽게 빠져나가지 않으므로 음식으로 섭취한 에너지를 낭비 없이 쓸 수 있기 때문이다.

그러나 잠만보는 몸무게가 460kg인 거구인데도 400kg이나 먹는다. 몸무게 대비 먹는 양의 비율은 87%다. 엄청난 대식가다!

그렇다면 꿀꺽몬은? 포켓몬 도감에 '이빨이 하나도 없어서 무엇이든 통째로 삼킨다. 최대한 벌린 입은 정말 커서 자동차 타이어마저도 쏙 들어간다' 알파사파이어 고 하니 꿀꺽몬의 입을 자동차 타

잠만보 졸음포켓몬　　타입 노말
• 키 2.1m
• 몸무게 460.0kg

▼ X

하루에 먹을 것을 400kg 먹지 않으면 성에 차지 않는다. 다 먹으면 잠이 들어 버린다.

이어가 들어가는 크기로 가정하고 살펴보자.

　승용차 타이어의 지름은 65cm 정도다. 같은 지름의 동그란 모양의 고기가 있다면 무게는 대략 144kg이다. 꿀꺽몬의 몸무게는 80kg이니까 1.8배다. 오, 꿀꺽몬도 무서운 대식가인데!

　그러나 먹는 양은 잠만보가 400kg인 데 비해 꿀꺽몬은 144kg이다. 이것만 보면 잠만보가 더 먹는 듯한 느낌이 들지만 단정 짓기는 아직 이르다. 잠만보는 하루에 400kg을 먹지만, 꿀꺽몬은 통째로 삼킨다고만 되어 있을 뿐 하루에 몇 번을 삼키는지는 뚜렷하게 나와 있지 않기 때문이다. 만약 타이어 크기만한 고기를 하루에 세 번 통째로 삼킨다면 합쳐서 432kg이므로, 잠만보의 400kg을 능가한다. 이 단계에서는 누가 많이 먹는지 알 수가 없다.

◎ 열량에 주목하면?

　그럼, 어떻게 생각하면 좋을까? 우리가 식사량을 따질 때 주목하

꿀꺽몬 독봉지포켓몬　타입 **독**
● 키 1.7m
● 몸무게 80.0kg

▼ Y

입에 들어가는 크기의 것이라면 무엇이든 통째로 삼킨다. 특수한 위액으로 무엇이든 소화한다.

는 것은 음식의 무게나 크기가 아니라 '열량'이다. 열량은 음식에 포함된 에너지의 양을 말하며 단위는 kcal(킬로칼로리)를 쓴다.

잠만보와 꿀꺽몬 중 누가 많은 열량을 섭취하는지를 생각해 보자. 이는 두 포켓몬의 식성, 즉 '무엇을 먹는가'에 따라 달라진다.

포켓몬 도감에는 잠만보에 대해 이런 설명이 있다. '먹고 자는 것을 반복하다 하루가 끝난다. 큰 배 위를 놀이터로 삼은 아이들이 있을 정도로 얌전한 포켓몬이다.' 오메가루비 흠, 이런 평화로운 생물은 역시 초식동물이 아닐까.

한편, 꿀꺽몬에 대한 설명에는 긴장감이 흐른다. '모공에서 맹독의 체액을 분비하여 상대에게 끼얹는다.' 블랙2 화이트2 그리고 약해진 틈에 통째로 삼킨다고 하니 꿀꺽몬은 틀림없이 육식동물이다!

풀과 고기의 열량은 매우 다르다. 예를 들면, 양배추는 100g당 23kcal지만, 소고기 목심은 100g당 411kcal다. 고기에는 똑같은 무게의 풀에 비해 20배나 많은 열량이 포함돼 있다.

이를 바탕으로 계산하면, 하루에 400kg의 풀을 먹는 잠만보는 하루에 92,000kcal를 섭취한다. 144kg의 고기를 통째로 삼키는 꿀꺽몬은 한 번의 '꿀꺽'으로 무려 59만 2,000kcal를 섭취한다. 잠만보의 6.4배나 되

는 열량이므로, 꿀꺽몬이 훨씬 대식가라는 얘기다.

⊙ 승패는 '언제 싸우느냐'에 따라 달라진다!

하지만 걱정된다. 이렇게 먹는다면 둘 다 살이 찌지 않을까.

잠만보는 먹고 자는 것만 반복하고, 꿀꺽몬도 별로 움직이지 않는 것 같은데……. 포켓몬 도감에서는 잠만보에 대해 '최강의 위를 가졌다고 전해진다. 질뻐기의 독조차 잠만보의 혀에는 향신료인 셈이다'썬, 그리고 꿀꺽몬은 '특수한 위액으로 무엇이든 소화한다' Y고 설명하는데, 둘의 소화력이 대단하다는 건 틀림없지만 살이 찌는지 여부는 또 다른 이야기다.

과학적으로 생각하면 몸무게 70kg인 성인 남자가 전혀 운동을 하지 않는 경우, 하루에 1,680kcal를 소비한다. 이를 기준으로 계산하면 몸무게가 460kg이고, 잠만 자는 잠만보의 에너지 소비는 하루에 6,900kcal다. 하지만 섭취하는 에너지는 92,000kcal. 명백한 과다 섭취로 매일 9.5kg씩 살이 찐다. 꿀꺽몬은 더 대단하다. 몸무게가 80kg이면 하루 소비 열량이 1,900kcal. 만약 매일 59만 2,000kcal를 꿀꺽 삼킨다면 66kg씩 살이 찐다.

몸무게가 너무 늘어나면 움직임이 느려져서 싸울 때도 불리해지겠지. 잠만보와 꿀꺽몬의 싸움은 일찍 싸우면 꿀꺽몬이 유리해지고, 늦어지면 늦어질수록 잠만보가 유리해지지 않을까?

오늘 두 마리의 몸무게가 포켓몬 도감의 내용(잠만보 460kg, 꿀꺽몬 80kg)대로 라고 하고, 위에서 말한 열량을 계속 섭취하면, 일주일 뒤에는 잠만보가 526kg, 꿀꺽몬은 539kg이 된다. 몸무게 역전이다! 이러면 아무리 꿀꺽몬이라도 몸이 무거워서 힘들지 않을까?

……라는 것은 나의 과학적 추론이고, 둘 다 포켓몬이니 사실 어떨지는 알 수 없다. 두 포켓몬의 열량 소비량이 막대하다면 아무리 먹더라도 최고의 컨디션으로 싸울 수 있을지도 모른다.

푸린 VS 슬리퍼

노래로 잠을 재우는 푸린과
추를 흔들어 잠을 재우는 슬리퍼!
누가 먼저 잠이 들까?

나에게도 가끔은 잠이 오지 않는 밤이 있는데, 그럴 때면 함께 있었으면 좋겠다 싶은 포켓몬이 푸린과 슬리퍼다.

푸린은 '목소리의 파장을 자유로이 바꿀 수 있는 성대가 있어서 상대가 가장 졸리게 되는 파장으로 노래를 부를 수 있다.' 오메가루비 게다가 '12옥타브를 넘는 음역을 지녔지만,

노래를 잘하는지는 푸린 저마다의 노력에 달렸다' 문 고 한다. 12옥타브 이상의 음역이 있고, 노력해서 노래까지 잘한다면 넋을 잃고 듣게 되겠지!

슬리퍼는 '손에 쥐고 있는 추의 움직임과 반짝임이 상대를 깊은 최면 상태에 빠뜨린다.' 오메가루비 게다가 '눈앞에서 추를 흔들면 방금 깨어난 사람도 3초 후에는 잠들어 버린다' 블랙2 화이트2 고 하니, 잠을 재우는 능력이 정말 대단하다.

청각으로 잠재우는 푸린, 시각으로 잠재우는 슬리퍼. 무척 흥미진진한 싸움이다. 과연 누가 먼저 잠들게 될까?

◎ 음역이 12옥타브라니, 대단해!

푸린은 목소리의 파장을 자유자재로 바꾸는 성대를 가지고 있다고 한다. 성대는 후두(목구멍 속 공기가 지나가는 통로)에 있는 막인데 호흡할 때 이 성대가 떨리면서 목소리가 나온다. 이 부분에서 알아야 할 것이 '파장'이다. 목소리나 소리를 내면, 공기가 빽빽한 곳과 희박한 곳이 줄무늬처럼 퍼진다. 이 빽빽한 곳 사이의 간격이 파장인데, 파장이 길수록 목소리나 소리는 낮아지고, 짧을수록 높아진다.

인간도 성대를 조절해서 여러 가지 파장(= 높이)으로 목소리를

푸린 풍선포켓몬

타입 노말 페어리
- 키 0.5m
- 몸무게 5.5kg

▼ 오메가루비

목소리의 파장을 자유로이 바꿀 수 있는 성대가 있어서 상대가 가장 졸리게 되는 파장으로 노래를 부를 수 있다.

내지만 푸린의 경우는 그 능력의 차원이 다르다. 음역이 무려 12옥타브다. 인간의 음역은 일반인이 2옥타브고, 성악가라도 최대 4옥타브 정도인데!

인간의 귀에 들리는 소리의 파장은 가장 높은 음이 가장 낮은 음의 $\frac{1}{1,000}$이다. 이보다 더 낮은 음은 '저주파', 더 높은 음은 '초음파'라고 부르며 인간은 들을 수 없다. 또 목소리와 소리는 파장이 절반이 될 때마다 1옥타브씩 높아진다. 파장의 1,000배 차이는 높이로 치면 약 10옥타브 차이다. 그렇다면 12옥타브를 자랑하는 푸린은 저주파나 초음파도 낼 수 있다! 현실 세계에서도 개나 돌고래, 박쥐는 초음파를 들을 수 있으니 초음파를 듣는 포켓몬이 있어도 이상하지 않다. 푸린은 그런 포켓몬들도 잠재울 수 있겠지.

◎ 최면을 걸 때 추를 쓰는 이유

슬리퍼는 반짝이는 추로 상대방을 최면 상태에 빠뜨린다. 현실

슬리퍼 최면포켓몬

타입 에스퍼
- 키 1.6m
- 몸무게 75.6kg

▼ 오메가루비

손에 쥐고 있는 추의 움직임과 반짝임이 상대를 깊은 최면 상태에 빠드린다. 먹이를 찾으며 추를 손질하고 있다.

세계의 최면술에서도 추를 자주 사용하는데 그 이유는 무엇일까?

최초로 추를 이용해 최면을 실험한 사람은 프랑스의 화학자 미셸 슈브뢸(1786~1889년)이다. 그는 자신의 전문 분야인 화학 외에도 색채 대비 연구 등 다양한 업적을 남겼다. 그중 하나가 '슈브뢸의 진자(추) 운동'이다.

책상에 팔꿈치를 고정하고, 추를 들어 자신의 얼굴 앞에 늘어뜨려 보자. '좌우로 흔들립니다'라고 외면 추는 좌우로 흔들리기 시작하고, '앞뒤로 흔들립니다'라고 외면 앞뒤로 흔들린다. 스스로 팔을 움직일 생각이 없었는데도!

신기하게도 인간에게는 자기와 남의 말을 따라 무의식적으로 몸을 움직이는 성질이 있다. 이 성질은 최면술에 적용되었다. 피험자(최면에 걸리는 사람)는 자기가 들고 있는 추가 최면술사가 말하는 대로 움직인다는 사실에 놀라서 최면 상태('반수면'이라고 하며 남이 말하는 것을 잘 믿게 되는 상태)에 빠진다.

이처럼 현실 세계의 최면술 실험에서는 피험자가 추를 들고 있었다. 그런데 슬리퍼는 반대로 자신이 들고 있는 추로 상대방을 최면 상태에 빠뜨릴 뿐만 아니라 정말로 잠들게 해 버린다. 최면술의 수준을 초월한 포켓몬다운 능력이 아닐까!?

◉ 길고 긴 싸움이 시작된다

그럼, 푸린과 슬리퍼가 재우기 대결을 하면 누가 먼저 잠들까!?

푸린의 능력은 '상대가 가장 졸리게 되는 파장으로 노래하는' 것이므로 분명히 슬리퍼의 상태를 보면서 목소리의 높이를 바꾸어 가장 졸리게 되는 파장을 찾을 것이다. 그러나 금방 찾아낼 수 있을까? 시간이 너무 걸리면 슬리퍼의 추 최면으로 푸린이 잠들어 버릴 수도……?

게다가 푸린에 대해서는 이런 설명도 있다. '노래할 때는 한 번도 숨을 쉬지 않는다. 어지간히 잠들지 않는 상대와 맞설 때는 숨을 쉴 수 없기에 푸린도 필사적이다.' 알파사파이어 아니, 숨은 쉬어야지! 이렇게 되면 점점 슬리퍼가 유리하다.

막다른 곳에 몰린 푸린, 어떻게 할 것인가!? 아무래도 눈을 감을 수밖에 없을 것이다. 슬리퍼의 추가 움직이는 모습을 보면 최면 상태에 빠져 버리므로, 푸린은 눈을 감고 계속 노래를 하면 된다. 이에 비해 슬리퍼는 추를 들고 있으니 양쪽 귀를 막을 수 없다. 눈은 자신의 의지로 감을 수 있지만, 귀는 손을 사용하지 않으면 막을 수 없다는 근본적인 차이로 오오, 푸린의 승리!

……라고 생각했지만 아니다. 승부는 아직 끝나지 않는다. 슬리퍼가 추를 입에 물고 빈 양쪽 팔로 귀를 막으면 과연 어떻게 될까!? 눈을 감은 푸린도, 귀를 막은 슬리퍼도 둘 다 잠들지 않은 채 시간만 흘러가게 될까? 그렇게 되면 숨을 쉬지 못하는 푸린이 불리할지도 모른다. 한계까지 계속 노래한 다음 털썩 쓰러져 버릴지도…….

푸린의 건강을 위해서도 숨을 쉬면서 노래할 것을 권하고 싶지만, 그렇게 하면 두 포켓몬의 대결은 아무리 해도 승부가 나지 않는다. 길고 긴 시간이 흘러 결국 둘 다 지쳐 잠들어 버릴지도 모른다.

레어코일 VS 팬텀

기온을 2℃ 올리는 레어코일과 실내 온도를 5℃ 낮추는 팬텀. 같은 방에 있으면 어떻게 될까?

추운 겨울날 나타났으면 싶은 포켓몬이 있다면? 바로 레어코일이다. 이 포켓몬이 있으면 반경 1km의 기온이 2℃ 올라가니까.

반대로 더운 여름날에는 팬텀이 나타나 주면 좋겠다. 이 녀석은 방 온도를 5℃ 낮춰 주니까 훨씬 시원해진다.

아, 이렇게 한가한 소리나

하며 좋아할 때가 아니지. 레어코일은 '강한 자력으로 기계를 망가트리기 때문에 큰 마을에서는 사이렌을 울려 레어코일의 대량 발생을 알린다' 오메가루비 는 성가신 녀석이고, 팬텀에 대해서는 포켓몬 도감에 '갑자기 한기가 느껴진다면 팬텀이 노리고 있다는 증거다. 도망갈 방법은 없으니 포기하자' 썬 라고, 그야말로 온몸의 털이 곤두서는 내용이 쓰여 있다. 두 마리 모두 조심성 없이 가까이하면 안 될 것 같은 포켓몬들이다.

하지만 아무래도 궁금하다. 기온을 높이는 레어코일, 그리고 방 온도를 낮추는 팬텀. 정반대의 두 마리가 만약 같은 방에 있으면 어떻게 될까?

◉ 레어코일의 놀라운 에너지

레어코일은 알 수 없는 전파를 내보내 기온을 높인다. 전파는 보통 통신에 사용되는데 기온을 높일 수도 있을까?

전파에는 장파(해상 통신), 중파(AM 라디오), 단파(단파 라디오), 초단파(FM 라디오), 마이크로파(TV, 휴대전화) 등 여러 가지 종류가 있다. 앞으로 갈수록 멀리까지 도착하고, 뒤로 갈수록 많은 정보를 보낼 수 있다.

그중에서도 마이크로파는 물에 흡수되어 열로 바뀌는 성질이

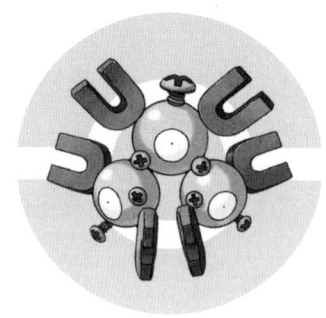

레어코일 자석포켓몬 타입 전기 강철
▼Y
• 키 1.0m
• 몸무게 60.0kg

알 수 없는 전파를 발신하고 있어 반경 1km 범위는 기온이 2도 오른다.

있다. 이를 이용한 전자제품이 전자레인지인데, 마이크로파로 수분을 가열함으로써 음식을 데운다.

그럼 레어코일이 마이크로파나 그와 비슷한 성질의 전파를 내보낸다면 공기 속의 수증기가 따뜻해져서 기온이 올라가도 이상하지 않다. 하지만 그렇다고 해도 반경 1km 이내의 공기를 2℃나 올린다니 흔한 일은 아니다. 얼마나 강한 전파여야 가능할까?

반경 1km의 공기의 부피는 21억m³다. 그 온도를 2℃ 높이기 위한 열은 12억kcal. 25m짜리 수영장 40개를 채울 만큼의 물을 25℃부터 끓일 수 있는 열이다. 레어코일이 10초 만에 기온을 2℃ 높인다면 그 전파의 강도는 5억kW(킬로와트)다. 놀랍다. 일본 전역에서 발전되는 전력의 4배다!

◉ 공포를 느끼면 체온이 내려가는 이유

한편, 팬텀은 어떻게 방 온도를 5℃나 낮출까?

팬텀 그림자포켓몬

타입 고스트 독
- 키 1.5m
- 몸무게 40.5kg

▼ X

그림자에 모습을 숨긴다. 팬텀이 숨어 있는 방은 온도가 5도 내려간다고 전해진다.

　포켓몬 도감을 보면 '한밤중 사람의 그림자에 숨어들어 조금씩 체온을 뺏는다' Y 거나, '인간의 목숨을 노리는 이유는 팬텀이 인간의 비참한 말로여서 길동무를 만들기 위해서라고 한다' 문 거나, '집에 있어도 위험하다. 방구석에 생긴 작은 그림자에 숨어서 먹이를 노리고 있다' 울트라문 는 등 등줄기가 쭈뼛해지는 내용만 쓰여 있다. 그렇다면 팬텀은 인간에게 공포심을 주어 춥게 만든다는 것일까? 분명히 무서울 때는 손끝이 싸하고 차가워지기는 하지만…….

　인간에게는 몸을 전투 모드로 만드는 교감 신경과, 휴식 모드로 이끄는 부교감 신경이 있다. 공포를 느끼면 교감 신경이 활발해지는데, 그 결과 커다란 근육에 혈액이 모이고 반대로 손발 끝의 혈액이 줄어들어서 차가워진다. 그리고 교감 신경은 땀이 나게 한다. 땀은 증발할 때 열을 빼앗기 때문에 피부 온도가 내려간다. 공포심으로 서늘하다고 느끼는 것은 과학적으로도 사실이다.

　그러나 팬텀의 경우 '팬텀이 숨어 있는 방은 온도가 5도 내려간

다고 전해진다' x 고 되어 있으므로 실제로 방 온도를 낮춘다는 것이 확실하다. 그 과정은 모르겠지만 분명히 말할 수 있는 사실은 온도를 낮추려면 열을 빼앗아야 한다는 점이다.

팬텀이 온도를 낮추는 방 넓이를 약 10m²(약 3평)라고 한다면 거기에 포함된 공기는 21m³다. 그 온도를 5℃ 낮추려면 방의 공기에서 30kcal의 열을 빼앗으면 된다. 레어코일과 마찬가지로 10초 만에 끝내려면 그 냉각 파워는 13kW로, 10m²용 에어컨의 여섯 배다.

◎ 성과 없는 싸움은 끝나지 않는다!?

이 두 마리가 같은 방에 나타난다면 어떻게 될까? 히터와 에어컨을 동시에 켜는 것 같은 느낌인데 두 마리의 파워에는 꽤 차이가 있다. 팬텀의 냉각 능력은 13kW이고 레어코일의 가열 능력은 5억kW다. 4,000만 배라니 너무 차이가 크잖아!

게다가 레어코일은 전파로 기온을 높인다. 마이크로파는 금속에 부딪히면 반사되지만 다른 것은 통과한다. 전자레인지는 도자기 그릇에 넣은 음식을 데우지만, 레어코일이 보통의 방 안에서 전파를 내보내면 전파는 벽과 천장을 통과할 것이다. 그 결과 실내 온도와 방 바깥의 기온 모두 2℃ 올라간다.

같은 방에 팬텀이 있다면 방의 온도는 5℃ - 2℃ = 3℃가 내려갈 것이다. 이 결과에 납득하지 못한 레어코일은 오기가 나서 전파를 내보낸다. 팬텀도 온도가 3℃밖에 내려가지 않았다는 데 분개하며 기를 쓰고 열을 계속 빼앗으려고 할 것이다. 아아, 언제까지 이런 허무한 소모전이 계속되려나?

히터와 에어컨을 동시에 쓰는 것이 부질없듯이 애초에 이런 싸움을 생각해낸 내 잘못이구나…….

세꿀버리 VS 야도뇽

진화하면 페로몬을 내뿜는 세꿀버리와 야도뇽. 누가 더 강력할까?

천진난만하게 웃으며 부지런히 꿀을 모으는 세꿀버리. 교활하고 독가스를 뿌리는 야도뇽.

생김새도 하는 짓도 정반대지만 두 포켓몬에게는 커다란 공통점이 있다.

세꿀버리는 암컷만 비퀸으로 진화해서 여러 가지 페로몬으로 새끼들을 조종한다. 야도농도 암컷만 염뉴트로 진화해서 페로몬으로 수컷 야도놈을 조종한다. 둘 다 '암컷만 진화한다', '페로몬으로 조종한다'는 두 가지 특징이 있다.

궁금하다. 세꿀버리가 진화한 비퀸과 야도놈이 진화한 염뉴트 중, 누가 더 강력한 페로몬을 내보낼까?

◎ 냄새와 페로몬의 차이는?

페로몬이란 무엇일까?

현실 세계의 정의에 따르면 페로몬은 자신과 같은 종의 생물에게 정해진 행동을 하도록 하거나, 몸을 변화시키는 물질로, 냄새처럼 공중을 떠다니며 전달된다. 그중에서도 특히 곤충은 페로몬의 영향을 강하게 받는다.

행동을 지배하는 페로몬의 예로 누에나방 등이 짝짓기를 하기 위해 이성을 유인하는 '성 페로몬', 개미 등이 먹을 것이 있는 곳이나 집으로 돌아오는 길을 동료들에게 알리는 '길잡이 페로몬', 바퀴벌레 등이 집단을 형성하고 유지하기 위해 동료를 불러들이는 '집합 페로몬', 꿀벌 등이 동료에게 적의 습격이나 침입을 알리는 '경보 페로몬' 등이 있다.

몸을 변하게 하는 페로몬으로는 자연계의 벌 무리에서 다른 암

세꿀버리 꼬마벌포켓몬　타입 벌레 비행
● 키 0.3m
● 몸무게 5.5kg

▼ 오메가루비

태어났을 때부터 3마리가 함께 한다. 비퀸을 기쁘게 하기 위해 항상 꽃의 꿀을 모으고 있다.

컷들이 여왕벌로 변하지 않도록 여왕벌이 분비하는 '여왕 물질'이 있다. 여왕벌이 죽으면 여왕 물질은 없어지기 때문에 다른 암컷 중 한 마리가 난소를 발달시켜 여왕벌이 되고, 또다시 여왕 물질을 분비한다.

정리하자면 자신과 같은 종의 생물에게 정해진 행동이나 형태 변화를 일으키는 것이 페로몬이므로 이는 냄새와는 다르다. 예를 들면, 호랑나비 애벌레는 적에게 공격당하면 맹렬한 냄새를 풍기며 적을 쫓아내는데 이런 것은 인간이나 새에게도 효과가 있다. 따라서 페로몬이 아니다.

포유류와 파충류 중에도 페로몬을 내보내는 종류가 있다. 또 예전에는 '인간도 페로몬을 내보낸다'는 설이 있었지만, 이제 그런 증거는 없다는 것이 정설이다. 가끔 매력이 넘치는 상대에게 '페로몬을 화끈하게 내뿜는다'고 말하는 경우가 있지만, 그것은 그저 기분 탓이라고 한다.

야도뇽 독도마뱀포켓몬

타입 독 불꽃
● 키 0.6m
● 몸무게 4.8kg

▼ 울트라썬

수컷은 거의 암컷의 지시에 따른다. 잡아 온 먹이도 거의 바치기 때문에 영양 부족으로 진화할 수 없다.

👁 어떤 페로몬일까?

이제 페로몬에 대해 잘 알게 되었을 테니 비퀸과 염뉴트의 페로몬에 대해 생각해 보자.

포켓몬 도감은 비퀸에 대해 이렇게 설명한다. '몸통이 새끼들의 둥지로 되어 있다. 세꿀버리가 모은 꿀로 새끼들을 키운다' `알파사파이어`, '여러 페로몬을 내어 새끼들을 자유롭게 조종한다' `오메가루비`, '세꿀버리를 조종하는 페로몬을 분비한다.' `소울실버` 이 내용으로 알 수 있는 사실은 비퀸의 페로몬은 자기 새끼들도, 다른 세꿀버리도 조종할 수 있다는 점이다. 둘 다 같은 종의 생물이라고 할 수 있으므로 진짜 페로몬인 듯하다.

염뉴트에 대해서는 '동굴 깊은 곳에 살며 페로몬으로 해롱해롱하게 만들어 야도뇽을 시중들게 한다' `울트라썬` 는 내용이 있어서, 같은 종에게 효과가 있나 생각했더니…… 잠깐, 잠깐! 포켓몬 공식 사이트에 '암컷 야도뇽은 독가스뿐만 아니라 인간과 모든 포켓몬 수컷을 매료하는 페로몬 가스를 발산할 수 있다. 이것을 마시면 야도뇽의 마음대로 조종당하게 된다'는 놀라운 설명이 있다!

인간과 모든 포켓몬을 매료시켜서 마음대로 조종한다니! 다른 종의 생물에게도 절대적인 효과가 있다는 점은 현실 세계의 페로몬과는 크게 다르군.

◉ 헉, 따귀 처벌이 기다려!

그렇다면 세꿀버리를 거느린 비퀸과 야도뇽을 거느린 염뉴트가 각자의 페로몬을 서로 내뿜으면 어떻게 될까?

여기서는 일단 비퀸과 염뉴트가 1마리씩, 세꿀버리와 야도뇽이 각각 암수 10마리씩 있다고 가정하고 생각해 보자.

비퀸의 페로몬은 세꿀버리에게만 효과가 있다. 이에 비해 염뉴트의 페로몬은 야도뇽 수컷뿐만 아니라 세꿀버리 수컷도 해롱해롱하게 만들 가능성이 있다. 그렇다면 전투 현장에서는 이런 상황이 발생하지 않을까?

세꿀버리 수컷 : 두 개의 페로몬 사이에 끼어서 괴로워한다.
세꿀버리 암컷 : 비퀸의 생각대로 움직인다.
야도뇽 수컷 : 염뉴트의 생각대로 움직인다.

야도녕 암컷 : 두 개의 페로몬을 전혀 느끼지 못한다.

오오, 이렇게 정리해 보니 상황이 좀 더 명확해진다. 즉, 전투 상황은 세꿀버리 수컷이 누구의 페로몬 영향을 더 크게 받느냐에 따라 크게 바뀐다.

만약 세꿀버리 수컷이 비퀸의 페로몬에 조종당한다면 '비퀸 군대 20마리 VS 염뉴트 군대 10마리'가 된다. 염뉴트의 페로몬에 조종당한다면 '비퀸 군대 10마리 VS 염뉴트 군대 20마리'가 된다.

실제로 어떻게 될지 예상하기는 어렵지만 이런 상황이라면 비퀸도 염뉴트도 확실한 전술을 쓸 것이다. 즉, 비퀸은 자신의 군대에 암컷 세꿀버리만 선발한다! 염뉴트는 수컷 야도녕만 데리고 간다! 이로 인해 전력은 20마리 VS 20마리로 막상막하가 된다. 으음, 예상하기가 점점 어려워진다.

그래서 다시 한번 포켓몬 도감을 열심히 읽었더니, 비퀸은 '위급해지면 여섯 개의 둥지에서 새끼가 튀쳐나와 반격한다'[필]는 내용이 있다. 오오, 생각지도 못한 곳에서 지원군이! 이렇게 되면 전력은 '비퀸 군대 26마리 VS 염뉴트 군대 20마리'다.

불리해지기 시작한 염뉴트는 이럴 때 어떻게 대처할까. 포켓몬 도감에 따르면, '먹이를 잡지 못한 야도녕은 불꽃을 뿜어내는 손바

닥으로 세차게 따귀를 때려서 벌을 준다.' 울트라문 으악! 그럼 전투에서 이기지 못했을 때도 벌을 받지 않을까? 그럴 경우, 싸움이 길어질수록 야도농들은 기운이 빠진다.

확실히 싸움이 길어질수록 비퀸이 유리하다. 20마리의 암컷 세꿀버리가 비퀸으로 진화하면 새끼가 6 × 20 = 120마리나 태어나므로 엄청난 군대가 된다!

한편, 야도농 수컷은 점점 세게 따귀를 맞으면서 사기가 떨어지고……. 역시 자기편에게는 벌을 주면 안 되겠군.

비퀸과 세꿀버리 군대의 압승이 예상된다.

픽시 VS 다부니

바늘 소리도 들리는 픽시와 소리로 건강 상태를 알아차리는 다부니. 놀라운 포켓몬 청력 대결!

'소리'란 대단한 정보원이다. 소리가 나는 쪽을 보지 않아도 들린다. 캄캄한 어둠 속에서도 들린다. 눈은 감고 있어도 귀는 닫을 수 없으므로 손이나 귀마개로 막지 않는 한 들으려 하지 않아도 들린다. 자는 사람도 소리에는 반응한다. 이러한 소리의 특성을 잘 이용한 것이 자동차 경적, 구급차 사이렌, 알람시계, 시합용 호루라기 등이다.

　포켓몬 세계에서도 폭음룡이나 짜랑고우거는 스스로 소리를 내어 위협하거나 공격하기도 한다. 반대로 희미한 소리로 정보를 모으는 놀라운 능력이 있는 포켓몬이 픽시와 다부니다.

　픽시는 1km 앞에서 떨어진 바늘 소리도 들을 수 있다. 다부니는 심장 소리로 상대의 컨디션과 기분을 알 수 있다. 경이적으로 예리한 청각을 지닌 이 두 마리가 싸우면 어떻게 될까?

◎ 귀가 인간보다 100만 배나 잘 들려!

　1km 멀리에서 떨어진 바늘 소리가 들리는 픽시. 실험해 보니 바늘이 떨어지는 소리가 인간의 귀에 들리는 최대 한계는 1m다. 그렇다면 픽시는 1,000배나 멀리서 나는 소리를 인간과 같은 크기로 들을 수 있다는 얘기다. 소리의 크기는 '거리 × 거리'에 반비례하여 작아지므로 픽시의 청각은 인간의 1,000 × 1,000 = 100만 배나 민감하다는 얘기다!

　이렇게까지 귀가 좋으면 픽시에게는 모든 소리가 100만 배의 크기로 들리는데 시끄러워 견딜 수 있을까? 포켓몬 도감을 보니 '1km 떨어진 곳에서 바늘이 떨어지는 소리도 들을 수 있어 사람과 포켓몬이 적은 깊은 산속에 산다.' 울트라썬 아아, 역시 그랬군.

픽시 요정포켓몬 타입 페어리
▼ 블랙2・화이트2
• 키 1.3m
• 몸무게 40.0kg

1km 앞에 떨어진 바늘 소리가 들릴 정도로 귀가 좋아 평소에는 조용한 곳에 있다.

    그렇다면 폭음룡과 싸울 경우에는 큰일이다. 폭음룡이 멀리서 울부짖으면 10km 떨어진 곳까지 들린다는데, 그거야 인간의 귀일 경우고, 1,000배 먼 거리에서도 들리는 픽시의 귀에는 10,000km 떨어져도 들린다(10,000km란 서울과 시카고의 거리와 비슷하다!). 이 책 37쪽에 '폭음룡이 짖으면 반경 100m 안에 있는 인간은 기절해 버린다'고 썼는데, 픽시에게는 폭음룡이 100km 떨어진 먼 곳에서 짖어도 이처럼 들린다. 만약 폭음룡의 소리에 픽시도 기절한다면, 현실 세계의 서울에서 폭음룡이 짖으면 수도권 어디에 있어도 기절해 버린다! 이거 큰일이다!

◉ 심장 소리로 감정을 읽어 낸다

    아 참, 여기서 생각할 상대는 폭음룡이 아니라 다부니였지. 이 포켓몬도 대단하다. '귀의 더듬이가 상대에게 닿으면, 심장 소리를 듣고 몸 상태나 기분을 알 수 있다' 알파사파이어 고 하니까!

다부니 히어링포켓몬

타입 노말
- 키 1.1m
- 몸무게 31.0kg

▼ 알파사파이어

귀의 더듬이가 상대에게 닿으면 심장 소리를 듣고 몸 상태나 기분을 알 수 있다.

현실 세계에서도 의사는 청진기로 심장과 폐 소리를 듣고 건강 상태를 살핀다. 몸에 이상이 있으면 그 소리에 변화가 나타나기 때문이다. 그렇다고 상대의 기분까지 알 수 있을까?

인간은 화를 내거나 울거나 무서움을 느끼면 체온이 올라가고 심장 박동이 빨라진다. 수천 년 전, 인간이 그러한 상태가 되는 때는 적에게 습격당했을 때였다. 근육에 산소와 양분을 보내 도망칠 준비를 하는 것이다. 반대로 기쁘거나 안심했을 때는 도망칠 필요가 없으므로, 체온을 낮추고 심장 박동을 느리게 해 에너지를 아낀다.

이러한 원리를 이용해서 체온과 심장의 박동을 측정해 인간의 감정을 수치화하여 표현하고, 전화나 문자 등을 통한 의사소통을 매끄럽게 하려는 연구가 한창 진행 중이다.

그러니 심장 소리로 몸 상태나 기분을 추측하는 시도는 과학적으로도 가능하다고 본다. 다부니 같은 능력을 가진 포켓몬이 있다고 해도 이상하지 않다.

◉ 숨 막히는 원거리 심리전!

그럼, 이 두 마리가 각각의 청각을 살려 대결하면 어떻게 될까?

픽시는 멀리 있는 적을 감지하는 '원격형'이고 다부니는 귀의 안테나로 상대를 만질 필요가 있는 '근접형'이다. 따라서 이 둘은 대조적으로 보이는데, 사실은 꼭 그렇지도 않은 것 같다. 포켓몬 도감에는 다부니에 대해 '희미한 소리로도 주변 상황을 레이더같이 캐치한다' 화이트 는 내용도 있다. 다부니에게 원격 감지 능력도 있다는 얘기다.

이렇게 되면 싸움은 무척 긴박한 상황으로 치닫게 되겠지. 예리한 청각으로 상대의 동향을 탐색하는 픽시와 다부니. 마른 나뭇가지를 밟는 소리나 덤불을 헤치는 소리조차도 낼 수 없다. 1km 앞에서 바늘이 떨어져도 들릴 테니 상대가 자신의 움직임을 알지 못하게 하려면 서로 더 멀리 떨어져서 맞서게 될 것이다.

예를 들면 3km 정도 떨어져서 싸울 경우, 픽시는 키가 1.3m, 다부니는 1.1m로 둘 다 덩치가 작기 때문에 상대의 모습을 눈으로 확인하기 어렵다. 오로지 귀를 기울여서 상대방의 움직임을 찾는 수밖에 없다.

정적이 끝없이 이어진다 싶을 찰나, 양쪽에서 '바스락' 하고 마른 잎을 밟는 소리가 들려온다. '왔다!' 하고 바짝 긴장하는 픽시와

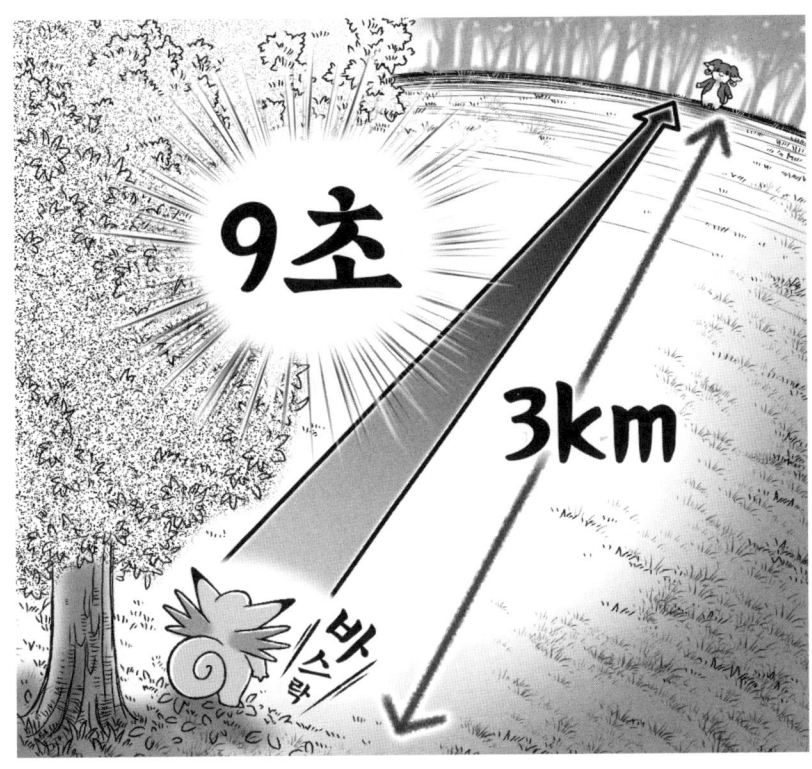

다부니. 그러나 사실 그 장소에는 상대방이 없다. 소리가 전달되는 속도는 초속 340m이므로, 3km나 떨어져 있으면 상대가 내는 소리가 귀에 들어올 때까지 9초나 걸린다. 상대가 그곳에 있었던 것은 9초 전이었을 뿐, 현재의 위치는 모른다.

이렇게 두 포켓몬은 3km의 간격을 유지하면서 9초 전의 정보를 찾아 귀를 계속 기울이겠지. 정적만이 주위를 감쌀 것이다.

| 트로피우스 VS 눈쓰개 |

트로피우스의 목에 열린 과일과 눈쓰개의 나무열매. 맛있는 포켓몬들의 대결!

포켓몬 중에는 매우 맛있는 종류도 있다.

이렇게 이야기하면, 모르는 독자들은 '앗, 포켓몬을 먹는다고!?' 하고 놀라겠지. 하지만 몸의 일부를 먹을 수 있는 포켓몬이 있다는 사실! 게다가 상당히 맛있다고 한다. 음……, 과연 무슨 맛일지 궁금하다.

트로피우스의 목 아래에는 바나나 같은 것이 달려 있다. 포켓몬 도감에 의하면 '달콤한 과일' 블랙2 화이트2 이라고 한다. 게다가 1년에 두 번 열매를 맺어 남쪽 나라 어린이들의 간식이 된다. 과일은 보통 1년에 한 번밖에 열매를 맺지 않으니 남쪽 나라 어린이들이 정말 부럽다.

눈쓰개의 배 주위에는 '아이스캔디 같은 촉감의 나무열매' Y 알파사파이어 가 열린다고 한다. 우아, 분명 달콤하고 시원하고 사각사각하겠지? 한번 먹어 보고 싶다.

트로피우스와 눈쓰개. 이 두 포켓몬 중 누가 더 강할까?

서로 만날 수는 있을까?

음…… 방금 '누가 더 강할까?'라고 썼지만, 이 시점에서 다들 이 싸움에 관심이나 있을까? 아무래도 알고 싶은 것은 누가 강한지보다 맛있는지가 아닐까?

포켓몬 배틀에서 대전할 가능성은 있겠지만, 트로피우스와 눈쓰개가 자연 상태에서 만나는 것 자체는 과학적으로 생각할 때 매우 드물다. 포켓몬 도감에는 두 포켓몬의 서식지가 쓰여 있는데, 트로피우스는 '열대 정글에서 산다. 목에 난 과일 송이는 달고 맛있다. 1년에 2번 열매를 맺는다.' 파이어레드 리프그린 눈쓰개는 '설산

트로피우스 후르츠포켓몬 타입 풀 비행
- 키 2.0m
- 몸무게 100.0kg

▼ 블랙2・화이트2

커다란 잎으로 하늘을 날며 아이들에게 인기가 많은 목에 생기는 달콤한 과일을 나눠 준다.

에서 살고 있다. 거의 만날 일 없는 인간을 보면 신기해 하면서 다가온다' 다이아몬드 고 되어 있다.

열대 정글과 인간도 거의 없는 설산. 두 포켓몬은 평생 단 한 번도 못 만나도 이상하지 않을 정도로 전혀 다른 환경에서 살고 있다.

따라서 두 포켓몬에 대해 궁금한 것은 누가 강한지의 비교가 아니다. 각각의 맛은 매우 궁금하지만, 그것도 개인적인 취향이 크기 때문에 우열을 가리기가 어렵다. 그래서 생각해 보고 싶은 것은 '먹을 것을 만드는 포켓몬으로서 더 대단한 건 과연 누구일까'라는 승부다.

◉ 과일과 나무열매는 어떻게 다를까?

이 문제를 생각하기 전에, 정리해 두고 싶은 것이 한 가지 있다. 트로피우스는 목에 과일이 열리고, 눈쓰개는 배 주위에 나무열매가

눈쓰개 얼음나무포켓몬
타입 풀 얼음
● 키 1.0m
● 몸무게 50.5kg

▼ 알파사파이어
봄이 되면 아이스캔디와 같은 촉감의 나무열매가 배의 주위에 열린다.

열린다. 그렇다면 과일과 나무열매는 어떻게 다를까?

　과학적으로는 과일과 나무열매에 구별은 없으며, 둘 다 '과실'이라고 불린다. 단 일상생활에서는 볏과(벼, 보리, 옥수수 등)나 콩과를 제외한 과실 중 수분이 많고 씨 주위의 과육을 먹는 것이 '과일', 수분이 적고 씨나 그 알맹이를 먹는 것을 '나무열매'라고 부른다.

　예를 들면, 아몬드는 장미과의 아몬드라는 식물의 씨 알맹이를 말린 것이다. 그래서 같은 장미과라도 촉촉한 과육을 먹는 사과는 과일, 아몬드는 나무열매라는 얘기다.

　식물이 열매를 맺는 이유는 동물들이 그 열매를 먹고 씨를 멀리까지 옮기게 하기 위해서다. 도토리 등 씨앗 자체가 동물의 먹이가 되는 식물도 다람쥐처럼 땅굴에 먹을 것을 쌓아 두는 동물에 의해 옮겨지는데, 그중 다 먹지 못했거나 먹는 것을 깜빡 잊어서 남겨진 씨앗이 싹을 틔운다. 식물은 움직일 수 없으므로 영역(사는 곳)을 넓히기 위해 동물을 이용하는 것이다.

이 과학적 사실에 비추어 두 마리의 생활을 상상해 볼까?

◉ 영역을 넓히는 것은 누구일까?

포켓몬 도감은 트로피우스에 대해 다음과 같이 설명한다. '커다란 잎으로 하늘을 날며 아이들에게 인기가 많은 목에 생기는 달콤한 과일을 나눠 준다.' 블랙2 화이트2 트로피우스는 자기의 과일을 먹게 하는 데 무척 적극적이다. 앞에서 설명한 자연계의 식물들 예를 보더라도 영역이 점점 넓어지지 않을까 생각한다.

게다가 '목에 난 송이는 맛있어서 인기다. 따뜻한 장소에는 트로피우스를 키우는 목장이 많다' 울트라문 고 한다. 목장도 많이 있다니, 정말 멋지다!

이 시점에서 눈쓰개가 좀 걱정스럽다. '봄이 되면 아이스캔디와 같은 촉감의 나무열매가 배의 주위에 열린다' 알파사파이어 는 건 괜찮은데, '추운 계절에는 산기슭까지 내려오지만 봄이 되면 눈이 남아 있는 산 정상으로 돌아간다.' 오메가루비 눈쓰개의 나무열매는 봄에 열리는데, 봄이 되면 산 정상으로 돌아간다고? 아니, 그렇다면 적어도 인간은 그 열매를 먹을 수가 없잖아!

물론 앞에서 설명한 식물의 예로 생각해 볼 때 설산의 동물들에 의해 눈쓰개의 영역이 넓어질 가능성도 있지만, 인간이 많이 먹게

끔 해서 영토를 확장하는 건 어떨까? 사실 눈쓰개의 나무열매를 먹어 보고 싶기 때문에 든 생각이긴 하지만…….

'인간에게 흥미가 있는지 설산에서 발자국을 발견하면 그 주변에 모여든다' 블랙2 화이트2 는 설명도 있으니, 눈쓰개와 인간의 교류는 이제부터가 기대된다.

| 거대코뿌리 VS 알로라딱구리 |

꼬마돌을 무기로 쓰는 포켓몬들! 거대코뿌리와 알로라딱구리의 대단한 대결!

꼬마돌만큼 불쌍한 포켓몬도 없을 것이다.

포켓몬 도감에는 '초원이나 산에 서식한다. 돌멩이와 닮은 탓에 알아채지 못하고 밟거나 발이 걸려 넘어지기도' x 하고, '움직이지 않고 있으면 돌멩이로 착각하여 무심코 밟게 되는데 그러면 주먹을 휘두르며 화를 낸다' 블랙2 화이트2 고 한다.

또, 포켓몬 세계에는 꼬마돌을 서로 던지는 '꼬마돌 돌싸움'이 있다고 하는데, '둥글고 들기 쉽지만 서로 던지기에는 딱딱하고 무겁다. 눈싸움처럼 서로 맞히며 놀기에는 위험하다' 썬 는 내용도 있다. 그거야 그렇겠지. 어쨌든 밟히고 던져지고……. 고생만 하는 꼬마돌이다.

꼬마돌의 불행은 그뿐만이 아니다. 거대코뿌리는 손바닥의 구멍에서 꼬마돌을 발사한다. 그리고 알로라딱구리도 꼬마돌을 등에 넣고 발사한다! 아니, 꼬마돌이 데구리가 되어 딱구리로 진화한 건데, 자기의 진화 전의 포켓몬을 발사한다고!?

너무나 가엾은 꼬마돌이지만, 동시에 과학적으로 무척 궁금해진다. 똑같이 꼬마돌을 발사하는 거대코뿌리와 알로라딱구리. 두 마리가 싸우면 누가 이길까!?

● 왜 꼬마돌을 던지는 걸까?

거대코뿌리는 왜 꼬마돌을 발사할까?

포켓몬 도감에는 '근육에 힘을 모아 순간적으로 부풀리는 것으로 손에 넣은 돌을 분출시킬 수 있다' 블랙2 화이트2 , '바위를 손바닥의 구멍에 채워서 근육의 힘으로 발사한다. 드물게 꼬마돌을 날린다' Y 고 한다. 이러한 내용으로 짐작해 봤을 때 거대코뿌리가 의

거대코뿌리 드릴포켓몬 　타입 땅 바위
● 키 2.4m
● 몸무게 282.8kg

▼ 오메가루비

손바닥의 구멍에서 꼬마돌을 발사한다. 전신의 프로텍터는 화산의 분화도 견뎌낸다.

도적으로 꼬마돌을 발사하는 게 아니라 평소에는 바위나 돌을 날리지만, 그중 자기도 모르게 꼬마돌이 섞여 버리는…… 것인지도 모른다.

앞에서 설명했지만 꼬마돌은 돌멩이와 구분이 어렵고, '길가에서 흔히 볼 수 있다. 한가한 학자가 세어 봤더니 하나의 도로에 100마리가 있었다' 문 고 할 정도로 친근한 존재다. 그렇다면 거대코뿌리가 돌멩이와 꼬마돌을 착각해 버린다고 해도 어쩔 수 없지.

단, 과학적으로 생각하면 매우 신경 쓰이는 점이 있다. 꼬마돌은 키 0.4m, 몸무게 20kg이다. 자연계의 돌멩이는 밀도가 $1cm^3$당 2.7g 정도니까 지름 40cm의 공 모양이라면 그 무게가 무려 90kg이다. 당연히 꼬마돌보다 훨씬 무겁다. 꼬마돌을 집어 든 거대코뿌리가 '뭐지?! 가벼워!'하고 놀라거나 '돌이 아니었나?'하고 생각해도 전혀 이상하지 않다.

게다가 인간의 근육은 단면적 $1cm^3$당 3kg의 힘을 낼 수 있다.

딱구리(알로라의 모습) 메가톤포켓몬 타입 바위 전기
- 키 1.7m
- 몸무게 316.0kg

▼문
암석은 연사할 수 없어서 주변의 꼬마돌을 잡아 등에 넣고 발사할 때도 있다.

이를 토대로 거대코뿌리의 부푼 근육도 같은 힘을 낼 수 있다고 가정하고, 손바닥의 구멍에 있는 근육의 지름도 꼬마돌과 같은 40cm로 계산하면 거대코뿌리의 근육은 3.8t의 힘을 낼 수 있다. 이 힘으로 팔을 40cm 움직여 무게가 90kg인 돌을 발사하면 시속 65km로 날아가며, 최대 비거리는 33m다.

그러나 같은 방법으로 몸무게가 20kg인 꼬마돌을 발사하면 속도는 시속 138km, 비거리는 151m다!

우아, 이 정도면 꼬마돌을 발사하고 싶어지는 게 당연하지. 거대코뿌리는 꼬마돌인 줄 알면서도 던진 게 틀림없다!

⚡ 전기의 힘으로 날린다면?

그렇다면 알로라딱구리는 왜 꼬마돌을 날릴까? 알로라의 모습이 아닌 딱구리는 별로 꼬마돌을 날리거나 하지 않는 것 같던데…….

포켓몬 도감에 의하면 알로라딱구리는 '전기를 띤 암석을 발사한다. 명중하지 않고 스치기만 해도 상대는 마비되어 실신한다'썬고 한다. 거대코뿌리와 마찬가지로 평소에는 바위를 날리지만, '암석은 연사할 수 없어서 주변의 꼬마돌을 잡아 등에 넣고 발사할 때도 있다'문고 한다.

그렇군. 알로라딱구리는 전기를 띤 암석을 날린다. 그런데 스치기만 해도 상대를 기절시키는 강력한 힘을 가졌지만 아무래도 연사가 불가능하니 그 대신 꼬마돌을 날리는 것 같다.

알로라꼬마돌은 '자력을 띤 돌의 몸을 가졌다. 특히 자력이 강한 부분에는 사철이 빽빽이 붙어 있다'썬고 하니, 자력은 띠고 있지만, 전기는 띠고 있지 않은 걸까?

이제부터는 나의 상상이지만 알로라딱구리의 암석 발사는 다음과 같은 원리가 아닐까? 전기에는 플러스(+)와 마이너스(-) 두 종류가 있는데, 자석의 N극과 S극처럼 '플러스와 플러스', '마이너스와 마이너스'는 서로 밀어내고, '플러스와 마이너스'는 서로 끌어당긴다.

예를 들어, 암석이 플러스 전기를 띠고 있고 알로라딱구리의 등도 플러스 전기를 띠고 있다면, 플러스끼리의 반발력으로 암석은 날아가겠지.

그렇다면 암석은 얼마나 빠르게 날아갈까? 그 속도는 띠고 있는

전기의 양으로 결정된다. 포켓몬 도감에는 '전기를 띠는 큰 바위를 발사한다. 명중하면 주변 일대에 굉장한 전격을 내뿜는다' 울트라문 고 쓰여 있다.

 이, 이건 엄청나다. 주변 일대에 굉장한 전격을 내뿜는다니 벼락 수준이다!

⊙ 승부는 첫발에 달렸다!

그럼, 거대코뿌리와 알로라딱구리의 싸움은 어떻게 전개될까?

만약 알로라지방의 암석이 벼락 한 발과 같은 정도의 전기를 띠고 있고, 알로라딱구리의 등도 비슷한 양의 전기를 띠고 있다면, 무게가 90kg인 암석의 경우 시속 64만km = 520M(마하)로 날아간다.

대단하다! 조금 전 계산했듯이 거대코뿌리도 시속 65km로 암석을 발사하지만 아무래도 이건 승부가 될 수 없다. 으음, 알로라딱구리의 압승인가?

하지만 포켓몬 도감의 설명을 자세히 떠올려 보자. '암석은 연사할 수 없어서 주변의 꼬마돌을 잡아 등에 넣고 발사할 때도 있다.' 알로라딱구리는 전기를 띤 암석을 연속으로 발사할 수가 없다! 그렇다면 승부는 거대코뿌리가 첫 공격을 되받아칠 수 있느냐에 달렸다.

만약 거대코뿌리가 알로라딱구리의 첫 공격을 받아친다면 그 다음부터는 꼬마돌을 날릴 수밖에 없다. 근처에 꼬마돌이 있으면 좋겠지만, 만약 없다면 거대코뿌리가 실컷 공격을 퍼붓게 된다. 아니, 꼬마돌이 있다고 해도 전기를 띠고 있지 않다면 암석만큼 맹렬한 속도로 날아갈 수가 없겠지. 그에 비해 거대코뿌리가 꼬마돌을 날리는 속도는 앞에서 설명했듯이 시속 138km다. 연속 발사가 가능하다면 거대코뿌리가 이길 가능성도 높을 것 같은데……

 으음, 과연 어떻게 될까? 대결의 결과는 알로라딱구리의 첫 공격을 거대코뿌리가 되받아칠 수 있는지에 달렸다. 정말 긴박한 싸움이다.

| 루기아 VS 가이오가 |

바다의 신 루기아와 바다의 화신 가이오가. 휘몰아치는 폭풍 속에서 벌어지는 대결전!

엄청난 규모의 자연 현상을 일으키는 포켓몬은 많지만, 그 중에서도 이 두 마리는 특히 대단하다.

'바다의 신'이라고 불리는 전설의 포켓몬 루기아는 가벼운 날갯짓만으로도 건물을 날려 버릴 만한 파괴력을 지녔다. 게다가 그 날갯짓으로 일어난 폭풍은 무려 40일 동안이나 계속된다!

'바다의 화신'이라 불리는 가이오가는 구름을 만들어 비를 내리게 하고 폭풍과 큰 해일로 바다를 넓혀 왔다! 그란돈과 격한 싸움을 벌인 것으로 유명한 신화의 포켓몬이다.

둘 다 바다와 관계가 있고, 비와 폭풍을 다룰 수 있는 놀라운 실력자다. 이 두 마리가 싸우면 도대체 어떤 결과가 나올까? 무척 궁금해진다.

◉ 폭풍은 어떻게 발생할까?

먼저 체격을 비교해 보자. 루기아는 키 5.2m, 몸무게 216kg이고, 가이오가는 키 4.5m, 몸무게 352kg이다. 키로는 루기아가 우세하지만, 만약 육탄전이 되면 몸무게가 더 나가는 가이오가가 유리할지도 모른다.

그러나 이 두 마리가 싸우면 역시 폭우와 폭풍을 일으켜서 상대에게 타격을 입히려 하지 않을까? 일반적으로 태풍은 하루에 200조kcal나 되는 에너지를 방출하며, 이는 무려 폭약 2억t의 위력과 맞먹는다! 루기아와 가이오가가 비와 폭풍을 다룰 수 있다는 사실은 정말로 놀랍지만, 상대로부터 그만큼의 에너지 공격을 받으면 둘 다 무사하지 못할 것 같다.

루기아 잠수포켓몬

타입 에스퍼 비행
- 키 5.2m
- 몸무게 216.0kg

▼ Y

바다의 신이라고 전해지는 포켓몬이다. 폭풍 치는 밤에 모습을 봤다는 이야기가 전해져 온다.

도대체 어떻게 하면 폭풍을 일으킬 수 있을까?

현실 세계에서 폭풍이란 온대 저기압과 열대 저기압 중 거센 비바람을 동반하는 것을 말하는데, 더 강력한 폭풍이 되는 열대 저기압은 다음과 같이 발생한다.

적도 부근에서 태양열로 바다 해수면의 공기가 따뜻해져 상승한다. 이때 상승한 공기에 포함되어 있던 수증기가 냉각되면서 구름이 생기고 비가 내린다. 그리고 해수면의 공기가 줄어들기 때문에 주위의 공기가 소용돌이치며 불어와서 상승 기류를 형성한다. 이것이 열대 저기압이며, 바다에서 증발하는 수증기가 모여 들어 강력한 바람을 일으킨다. 이 바람의 중심 부근 최대 풍속(10분 동안의 평균)이 초속 17.2m를 넘으면 '태풍'이라고 불린다. 즉, 열대 저기압의 폭풍은 바다가 있기 때문에 발생한다는 뜻이다.

폭풍을 자유자재로 다루는 루기아와 가이오가는 무슨 방법을 써서든 해수면의 공기를 데워서 상승 기류를 발생시키겠지.

가이오가 해저포켓몬 　타입 물
● 키 4.5m
● 몸무게 352.0kg

▼ 알파사파이어

바다의 화신이라 전해지는 포켓몬. 자연의 힘을 갈구하여 그란돈과 사투를 반복한다는 전설이 있다.

원래 태양이 하는 일인데 그런 게 가능한 포켓몬이라니……. 정말 무섭군.

그렇다면 힘은 두 마리 중 누가 더 센 걸까?

◎ 40일 동안 폭풍이 계속된다!

먼저 루기아에 주목하자. 이 전설의 포켓몬은 날갯짓으로 폭풍을 일으킨다.

태풍이 발생해서 사라질 때까지의 기간은 평균 5.3일이다. 생각보다 짧다. 따뜻한 바다 위에서 발생한 태풍은 남쪽에서 북쪽으로 이동하는데, 북쪽의 찬 바다에서 얻을 수 있는 에너지는 적으므로 더 이상 발달할 수가 없기 때문이다. 태풍을 발생시키는 것도 힘들지만 오래 유지하기도 어렵다.

하지만 앞에서 소개한 것처럼 루기아가 일으킨 폭풍은 40일 동안이나 계속된다고 한다. 폭풍이 7월 20일에 발생하면 무려 8월 28일

까지 계속된다!

엄청난 이야기다. 구체적으로 어떻게 하는지는 모르겠지만 앞에서 설명했듯이 태풍이 하루에 방출하는 에너지는 폭약 2억t의 분량이므로 40일이면 폭약 80억t과 맞먹는다! 이런 터무니없이 방대한 에너지를 계속 공급할 힘이 루기아에게 있고, 그것을 공격에 사용한다면 아무리 바다의 화신 가이오가라도 꼼짝없이 당할 수밖에 없지 않을까……?

◎ 두 마리의 승부는 뜻밖의 전개가 될 수도……

하지만 알려진 바와 같이 가이오가는 바다를 넓힌 위대한 포켓몬이다. 아주아주 먼 옛날부터 육지를 넓히는 그란돈과 격렬하게 싸워 왔다!

현실의 지구는 태양 주위를 도는 암석과 가스가 서로의 중력으로 모여 46억 년 전에 탄생했다. 이 원시 지구의 크기는 현재 지구의 $\frac{1}{4}$ 정도였지만, 운석이 낙하하면서 점차 커지고, 낙하로 인한 열로 표면이 걸쭉하게 녹아 '마그마 오션'이 되었다.

이윽고 마그마 오션에서 수증기가 올라오기 시작해 구름이 되어 엄청난 비가 내리고, 낮은 지대에 물이 고여 바다가 탄생했다. 그것이 44억 년 전의 이야기다. 비는 계속 내려서 40억 년 전에는 지구 표면의 대부분이 바다가 되었다.

이 같은 사실에 포켓몬의 세계관을 겹쳐 생각하면 가이오가는 그때부터 활동했을 가능성이 있다! 루기아가 40일이나 계속되는 폭풍을 일으킨다는 사실은 놀랍지만, 지금까지 설명한 것처럼 폭풍은 바다를 무대로 발생하고 발달한다. 그리고 그 바다를 이렇게까지 넓힌 것은 가이오가다.

바다의 신 루기아가 이 사실을 모를 리는 없다는 생각이 든다. 그리고 그 사실을 고려한다면 두 마리에게는 싸울 이유가 없고, 힘을 합쳐 바다를 진정시키려고 하지 않을까……!?

그 경우 궁지에 몰리게 되는 것은…… 앗, 육지를 넓히기 위해 가이오가와 격렬히 싸웠던 그란돈! 가이오가와의 싸움조차 엎치락뒤치락하는데 거기에 루기아까지 싸움에 끼어들어 폭풍을 일으키면, 호우와 거센 파도에 육지가 깎여 없어질 테니 그란돈도 난처해지지 않을까?

이러면 뜻밖의 상황으로 이어진다. 루기아 · 가이오가 연합 VS 그란돈.

　으음, 전세가 불리해질 게 뻔한 그란돈으로서는 육지의 동료들을 모아 대항할 수밖에 없지 않을까? 예를 들면 마기라스, 앤테이, 마그카르고, 롱스톤, 강철톤, 볼케니온, 닥트리오…….

　어라! 머릿수도 많아졌고 다들 강하고 매력적인 포켓몬들이기는 하지만, 이만큼 모여도 바다의 신과 바다의 화신에게는 어쩐지 이길 수 없을 것 같다. 바다의 두 마리 포켓몬의 위엄이 한 수 위일 것 같은 느낌이 드는데, 그렇게 생각하는 건 나뿐일까!?

SANGSANGCHOWOL POKÉMON GWAHAK YEONGUSO VOL.4
POKÉMON KUSOKAGAKU DOKUHON VOL.4
By Rikao YANAGITA, Kagemaru HIMENO, POKÉMON Co.,INC.
ⓒ2021 Rikao YANAGITA ⓒ2021 Kagemaru HIMENO
ⓒ2021 Pokémon.
ⓒ1995-2021 Nintendo/Creatures Inc./GAME FREAK inc.
All rights reserved
Original Japanese edition published by OVERLAP.
Korean translation rights in Korea arranged with OVERLAP.
포켓몬스터, 포켓몬, Pokémon은 Nintendo의 상표입니다.
본 제품은 한국 내 독점적 저작권 관리자인 ㈜포켓몬코리아와의 정식계약에 의해 생산되므로 무단 복제 시 법의 처벌을 받게 됩니다. 한국 내에서만 판매 가능.

상상초월 포켓몬 과학 연구소 4

지은이 야나기타 리카오
그린이 히메노 가게마루
옮긴이 정인영
협력 포켓몬주식회사

1판 1쇄 발행 2020년 5월 13일
1판 10쇄 발행 2024년 10월 18일

펴낸이 김영곤
프로젝트2팀 김은영 이은영 권정화 우경진 오지애 김지수 박시은 **디자인** 권빈
아동마케팅 장철용 황혜선 양슬기 명인수 이규림 손용우 최윤아 송혜수 이주은
영업 변유경 김영남 강경남 황성진 김도연 권채영 전연우 최유성
해외기획 최연순 소은선 홍희정 **제작** 이영민 권경민

펴낸곳 ㈜북이십일 아울북
출판등록 2000년 5월 6일 제406-2003-061호
주소 (우10881) 경기도 파주시 문발동 회동길 201
대표전화 031-955-2100 **팩스** 031-955-2177
홈페이지 www.book21.com

ISBN 978-89-509-8717-6
ISBN 978-89-509-6949-3 (세트)

* 책값은 뒤표지에 있습니다.
* 이 책 내용의 일부 또는 전부를 재사용하려면 반드시 ㈜북이십일의 동의를 얻어야 합니다.
* 잘못 만들어진 책은 구입하신 서점에서 교환해 드립니다.

• 제조자명: ㈜북이십일
• 주소 및 전화번호: 경기도 파주시 회동길 201(문발동) / 031-955-2100
• 제조연월: 2024.10.18.
• 제조국명: 대한민국 • 사용연령: 5세 이상 어린이 제품